JN098322

ジャーナリズムの規範理論

塚本晴二朗

日本大学法学部叢書 第44巻

Journalism

日本評論社

はじめに

『ジャーナリズム倫理学試論』を 2010（平成 22）年に刊行して、10 年余の月日が流れてしまった。40 代ぎりぎりで単著が刊行できたので、「次は 50 代のうちに」と目標を立てた。前回より早まるどころか、もっと切羽詰まってしまったが、何とか目標は達成できた。ホッとしている。あまり自慢できることではないのだろうが、正直な気持ちである。

　これまでの研究者としての自分の歩みを振り返ると、ジャーナリズム研究ということでは一貫しているが、アプローチは随分変わった。学部から大学院にかけては、日本ジャーナリズム史のつもりでいた。学部の卒論は、日本ジャーナリズム史におけるレッド・パージの位置づけをテーマにした。修士論文では、1909（明治 42）年の新聞紙法制定過程についてであった。日本大学法学部助手になったのを機会に、ジャーナリズムの所謂「倫理・法制」へと研究領域を変えた。恩師宮島善高先生のご指導によっての変更であるが、ここでの領域変更が本当に大きかった。変更していなかったら、今のような地位にいられただろうか、と考えることがよくある。宮島先生には心から感謝している。

　とはいっても最初は苦労した。倫理・法制とはいっても、ほとんど法律ネタしか扱わなかった。法学部出身だから、と思う人もいるだろうが、そうではない。学部在学中、新聞学科の専門科目はとても興味深かったし、熱心に勉強したつもりだ。しかし、法律系の科目は「単位さえもらえればいい」という程度の取り組み方だった。成績もそれほどよくなかった。大学院も政治学専攻で、法律関係の科目は全く受講していない。よくぞジャーナリズム法制が専門だ、などといえたものである。我ながら感心してしまうほどだ。何とか本数稼ぎのような論文を書いたが、特に目新しい視点があるわけでもなく、忸怩たる思いであった。

　次に大きな転機が訪れたのは、クリフォード・G・クリスチャンズ先生と

の出会いだった。2004（平成16）年3月から2年間日本大学海外派遣研究員として、イリノイ大学でメディア倫理学の世界的権威である、クリスチャンズ先生のご指導を受ける機会に恵まれた。日本にいたら見過ごしていたかもしれないジャーナリズムの規範理論研究を、一から学ぶことができた。世間の注目を集めているかどうかは別として、曲がりなりにも塚本のオリジナリティといえるようなものを、身につけられたと思っている。

　本書は、クリスチャンズ先生に出会って以来、少しずつ積み上げてきたジャーナリズムの規範理論研究の集大成である。本書が刊行できたこと自体が、クリスチャンズ先生のおかげである。心から感謝申し上げたい。

　恩師宮島先生は、私がイリノイ大へ行く年の1月に他界された。思えば、私が宮島ゼミナールでご指導を受け始めた年は、宮島先生が還暦を迎えた年だった。そして私自身が、還暦を迎えようとしている。恩師との出会いから一区切りの年に、本書を捧げることができたのは何よりの喜びである。

　これまでに数多くの学兄、学友諸氏のご指導ご鞭撻を受けてきた。また、塚本ゼミナールの卒業生、現役生から受けた多くの刺激は、今の私の研究の土台となっている。この場を借りて、心から感謝申し上げたい。

　私の今があるのは、研究者を目指すことを許してくれた、両親のおかげである。専任の研究者になるのをみずに1993（平成5）年に他界してしまった父塚本和昭、今日に至っても何かと心配をしてくれている母塚本玲子、二人への感謝の気持ちは、言葉で表現できるレベルのものではない。

　そして、いつも私を支えてくれる妻塚本聖子、本書は夫婦で書いたといっても過言ではないと思っている。いつも面と向かっては表していない感謝の気持ちを、この文面で表したいと思う。

　最後になったが、とても売れそうにはない本書の刊行を快く受け入れていただいた、日本評論社と、担当の斎藤千佳さんに、衷心より感謝申し上げる。

　なお、本書は令和3年度日本大学法学部研究費［出版費（出版助成費）］の給付を受けて刊行したものである。

　なお、本書は令和3年度日本大学法学部研究費［出版費（出版助成費）］の給付を受けて刊行したものである。

　2021年1月　　　　　　　　　　　　　　　　　　　塚本　晴二朗

目　次

─── 第8章 ───

紛争地取材
──後藤健二の事例を中心として …………………………… 165

─── 第9章 ───

便宜供与
──日本新聞協会「記者クラブに関する見解」小史 ……………… 185

ジャーナリズムと規範理論

　クリフォード・G・クリスチャンズやデニス・マクウェール等の「ドリーム・チーム」のような顔ぶれで書かれた、名著 *Normative Theories of The Media* の書き出しは、「デモクラティックな社会においてジャーナリズムの役割の問題は、コミュニケーションに携わる学生や実務家が、常に当然のことと思うほど中心をなすものである[1]」となっている。つまり、ジャーナリズムをデモクラシーの礎と捉えている、といっていいだろう。自らの社会が、デモクラティックであると考えている限り、その社会においてジャーナリズムがいかなる役割を果たすべきか、という問題に取り組むことは重要な研究テーマなのである。そのようなテーマに取り組む研究領域を、ジャーナリズム論ないしはジャーナリズム・スタディーズ等と呼んでいるのである。

　では、日本のジャーナリズム論あるいはジャーナリズム・スタディーズとは、どのようなものだろうか。まず思いつくのは、ジャーナリスト経験者が体験談をまとめたもの、あるいはジャーナリスト経験者自身の体験を基準にして個々の事例を考察したようなものである。体験自体は極めて貴重な資料である。しかしそれをどれだけ集めても資料集でしかない。資料集が体系的な研究領域を形成するだろうか。少なくとも、集まった資料を何らかの方法によって体系化しない限り、個々の体験談のままである。体験を基準にした考察も、同様である。貴重な資料にはなりうるが、その体験に基づいた基準が、普遍性を持っている、という確たる根拠がない限り、個々の体験談と何

ら変わりはない。その体験が基準となりうるかどうかを検証できる体系的な方法がない限り、それをどれだけ集めても資料集でしかない。これらのようなものをジャーナリズム論やジャーナリズム・スタディーズというべきでないことは、確かである。

　次に思いつくものとして、ニュースの取材、報道等のジャーナリズムといわれる営みを、社会学的な視点から多角的に分析した研究である。こうしたものも数多い。その蓄積はかなりのものである。体系化された研究領域である、ということもいえるだろう。しかし、それはコミュニケーション論とか、マス・コミュニケーション論といわれるものと何が違うのだろうか。ニュースと呼ばれる内容に注目しただけで、いちいち別の研究領域を設定する必要があるとは思えない。

　ジャーナリズム論あるいはジャーナリズム・スタディーズという研究領域があるからには、独自の領域があるはずであるし、あるべきだと思われているはずである。しかし、それはいかなるものなのだろうか。

　ジャーナリズムに関する研究は、主に二つの種類があるように思う。一つは、ジャーナリズムが社会においてどのような役割を果たすべきか、という規範を示そうというものである。もう一つは、ジャーナリズムが社会においてどのような役割を演じたか、という具体的な事象を分析しようというものである。後者は、既述のように社会学的な方法論を中心に行われてきており、日本においても非常に多くの蓄積がある。このような研究は、ジャーナリズムが社会に対してどのような役割を演じたかを、客観的に分析したもので、社会科学の理論として確立したものといっていい。ただし、どのようなことが起きたのか、その因果関係や相関を明確にしているが、それ以上のものでもそれ以下のものでもない。ジャーナリズムと認識されている営みが、どのようなものであったかを記述しているに過ぎない。方法論からして、既述のようにコミュニケーション論とか、マス・コミュニケーション論といわれるものとの差異が必ずしも定かではない。もちろん社会科学的な研究として何の価値もない、という意味ではない。むしろその逆であって、ジャーナリズムが、社会においていかなることをなしえたのか、あるいはなしうるのか、ということを客観的に示すのは、極めて意義深いことである。

しかし、もしジャーナリズム論とか、ジャーナリズム・スタディーズという研究領域が存在すべきであるのならば、コミュニケーション論とか、マス・コミュニケーション論といわれるものと同じようなことをしていては、何の意味もない。

　ジャーナリズムがデモクラシーの礎であるならば、どのようなデモクラシーを追求するかによって、ジャーナリズムの規範は決まってくる。逆にいえば、ジャーナリズムの規範を定めることによって、求めるべきデモクラシーが定まってくる、ということがいえるはずである。

　つまり、前者こそが、ジャーナリズム論ないしはジャーナリズム・スタディーズと呼ばれるものとして相応しいのではないだろうか。ジャーナリズムが社会においていかなる役割を担うべきか、という規範を探求する領域であるべきなのではないだろうか。そうであるならば、具体的な事象をいくら客観的に、あるいは科学的に記述しても、探求すべき答えはもたらされはしない。規範とは行為や判断において目指すべき、善や価値であって、どのようなことがあったかという事実をいくら積み上げたところで、規範にはなりえない。ジャーナリズムが社会においてどのような役割を果たすべきか、という規範を示そうとする規範理論と、ジャーナリズムが社会においてどのような役割を演じたか、という具体的な事象を科学的に分析しようとする社会科学としてのジャーナリズム研究は、そもそも次元が異なるのである。

　本書は、規範理論こそがジャーナリズム論ないし、ジャーナリズム・スタディーズの核心をなすという立場に立っている。不遜な言い方をお許し願えるならば、日本にはジャーナリズム論やジャーナリズム・スタディーズは存在しない。その理由は、日本ではジャーナリズムに関する規範理論研究が、一つの研究領域として確立していない、と考えるからである。

　それでは、なぜ日本に規範理論としてのジャーナリズム論が必要と考えるかを、もう少し述べたい。なぜ日本に規範理論としてのジャーナリズム論が必要と考えるかは、もちろん日本にジャーナリズムの規範理論が存在しないと考えるからであるが、他の国に存在するからといって、日本にも必要である理由にはならない。必要性を証明するためには、これまで存在しなかったことにどのような不都合があり、今後どのような弊害が起こりうるのかを示

す必要がある。では、実際にどのような不都合があっただろうか。

1990年代から2000年代にかけて、一つのブームのように、日本のメディアに苦情処理機関等のアカウンタビリティ・システムを担うものが置かれ出す。具体的には、放送業界は、BRO（放送と人権等権利に関する委員会機構）を1997（平成9）年に設立し、この中に視聴者からの苦情を受け付ける放送と人権等権利に関する委員会を設けた[2]。出版業界は、MRB（雑誌人権ボックス）を2002（平成14）年に設立した。

新聞・通信各社は、所謂「第三者委員会」を設置し出すが、それは朝日新聞の紙面審議会が1989（平成元）年に置かれたのを皮切りに、1999（平成11）年は奈良、2000（平成12）年は毎日・福島民友・下野、2001（平成13）年は朝日の報道と人権委員会・読売・東京・産経・共同・北海道・東奥・河北・山形・茨城・山梨日日・新潟・北日本・京都・山陽・中国・高知・西日本・佐賀・琉球、2002年には日本農業・上毛・中部経済・山陰中央・愛媛・熊本日日・宮崎日日・南日本、2003（平成15）年は秋田魁・神奈川、2004（平成16）年は神戸、2005（平成17）年は岐阜、2006（平成18）年は福井となっており、2006年5月までに37社に38組織が置かれた。朝日新聞の紙面審議会だけが、1989年と飛び抜けて早いが、他の組織は1999年の奈良新聞以外は、すべて2000年以降である[3]。

この時期に何があったのだろうか。

1990年代にまず思い当たることは、ジャーナリズム倫理に関わり、なおかつ世間の注目を浴びる問題が次々と起きた、ということである。1993（平成5）年の椿発言[4]に始まり、1994（平成6）年松本サリン事件[5]、1998（平成10）年和歌山カレー事件[6]、1999（平成11）年脳死臓器移植報道[7]と所沢ダイオキシン報道[8]というように、次々とマス・メディアが批判にさらされた。

1990年代の自民党の動きも見逃せない。1990年代のジャーナリズムの問題状況を受けて、1999年8月自民党の「報道と人権のあり方に関する検討会」の報告書が、まとめられた。この検討会は、「最近の臓器移植や所沢ダイオキシン報道などに見られるように、報道によって引き起こされる人権侵害の窮状や報道被害者救済の必要性等についての国民の批判・要望は急速に

高まっており、加えて、記者モラルの低下を如実に表す事件が連続発生し、今、マスコミは危機的状況に直面していると言っても過言ではない。我々は、報道による人権侵害に対処するため」政務調査会内にこの検討会を設置した、としている。

報告書の結論として「我々の望むものは、いたずらな争いでもなく、また弾圧的な規制強化を意図するものでもない。それは、高い報道倫理に基づく各メディアの自主的な規制による人権侵害の回避にある。報道メディア各社においては、巨大な権力を保持していること、また、現状の延長線上にはマスコミの危機が存在することを自覚し、自らの積極的な改革を望むものである」としている。この結論だけをみれば、特に間違ったことはいっていない。

しかし、この報告書の中には「我が国は法治国家であり、これまで述べてきたような自主規制の実効性が上がらないのであれば、立法府の責任において『法』にその解決を求めることも大きな選択肢である」という部分がある。これは明らかに、メディアへの威嚇ではないだろうか。それを証明するかのように、間もなく所謂「メディア規制3点セット（個人情報保護法[9]、人権擁護法案[10]、青少年有害社会環境対策基本法案[11]）」へと繋がっていくのである。

一連の動きの中には、規範理論が確立していない日本のジャーナリズムが、抱えている非常に大きな問題点を含んでいる。それは、規範理論が確立していないがゆえに、ジャーナリストの行為規範が法規範とほぼ同義になってしまっている、ということである。そのためにジャーナリストに規範を示さなければならない状況が、行政の側の都合のいい法規制を作る口実に使われる、ということである。もちろんメディア企業もアカウンタビリティ・システムに取り組み、法規制の口実を与えないような努力はしていた。しかし、1990年代からのブームで置かれた機関は、どれも問題が起きてから対応する対症療法的なものであって、ジャーナリストがどのような行為をすべきか、という規範を示すためのものではない。どれほど有効な機関であろうとも、根本的な解決には寄与しないものである。

ただ、以上の話だけでは、論理に飛躍がある、と思われるかもしれない。そこで、その原因の一つと考える「社会的責任論[12]」の日本における位置

づけについて、簡単に触れておきたい。

　アメリカでは、後述するように社会的責任論を切っ掛けとして、倫理学的な研究としてのジャーナリズムの規範理論研究が、発展していくことになる。それまで、修正1条などの法学的な研究が主流であったが、社会的責任論は、ジャーナリストの義務や責任といったものへと目を向けさせたのである。ジャーナリズムの社会的責任とは何か、ということを追求することが、ジャーナリズムの規範理論研究確立に繋がったのである。

　これに対して、日本では社会的責任論を切っ掛けとして、法学的な研究の傾向がさらに強まった。正確にいうと、ジャーナリズムの規範を考える研究領域が、「ジャーナリズム倫理・法制」という一つの分野にされてしまった。つまりジャーナリストの規範は、倫理的な規範も法規範も同じようなものとして扱われたのである。そのことが、どのような不都合に繋がるかを確認するためにも、2000年代初めまでの日本の研究者のマス・メディアの憲法上の位置づけに関する代表的な言及を概観してみる。

　芦部信喜は、「表現の自由の保障がその本来の目的とする『思想の自由な流通』ないし『思想の自由な市場』を確保するためには、マス・メディアが飛躍的に発達し送り手と受け手の分離が顕著になった現代社会においては、表現の自由を思想発表の自由、すなわち話す自由・書く自由としてとらえるだけでなく、思想を妨げられずに受け取る自由、すなわち聞く自由・読む自由・視る自由および批判する自由（知る権利ないし知る自由）に重点をおいて、その内容を構成しなければならないという観点から、その知る権利を実現するための必須の条件である報道の自由は各種の表現の自由の基礎をなすものだ[13]」としている。

　伊藤正己は、「マス・メディアはつぎの二つの点で、民主制と直結する機能をいとなむことになる。一つは、世論の形成の媒体となることである。今日において、およそ一定の意見が影響力をもつためには、マス・メディアの助力をかりるほかないのであり、マス・メディアから排除された政治的立場が指導的世論に成長することは至難である。いま一つは、意見形成のための判断資料の提供である。われわれは、つねにマス・メディアの供給する素材をうけとり、そのうえにたって自己の意見を形成しているのが、現代の状況

であるといってよいであろう。このように考えると、マス・メディアは、表現の自由の実質をみたすものとして、高度の公共性をもつことになる。たとえそれが私的な営利事業として経営せられ、その経済的側面において、利潤追求を無視しえないとしても、社会のなかに正しい世論を形成し、あるいは正しい判断資料を提供するという公共の責任を負わしめられている。それは、まさに言論出版の自由に含まれる公益性のにない手としての責任ということができよう。しばしば、表現の自由を私的性格をもつ自由のごとく考え、全体の利益としての公共の福祉によって制限しうるという考え方が説かれるが、民衆の知る権利を充実させるものとしての表現活動、とくにマス・メディアの活動は、民主制を支持するための条件として、いちじるしい公益性をもつものであることをつねに忘れてはならないのである(14)」としている。

奥平康弘は、「ジャーナリズムまたはジャーナリストということばが、社会学その他の学問分野でどのように定義されるのか別として、少なくとも法律学の世界では、憲法二一条でいう表現の自由を享有する社会的な機能(言論・報道機関)または、かかる自由を享有する主体(言論・報道人)という含意のもとで理解されている、とみていい。そのかぎりでは、ジャーナリズムまたはジャーナリストということばは、すでに、一定の規範的な性質(すなわち、憲法上の保障を享有する地位)を内包している(15)」としている。

清水英夫は、「今日における"知る自由"に関して、とりわけ留意せねばならないのは、一般国民には話し主張する"自由"はあっても、それを伝える手段は、極めて限られたものになっている、という点である。すなわち、現代のような言論・報道の独占的状況のもとにあっては、国家権力がチェックしなければ、それだけで十分といえるわけではない。マス・メディアの行動には、本来的に受け手大衆の知る自由を代表している、という要素が含まれているし、そのゆえにこそむしろ憲法的な保障の今日的な意味があるのである(16)」としている。

石村善治は、「『マス・メディア』の『表現活動』の重要な役割のひとつは、『民主主義社会における自由な意見形成に対する寄与』であり、そのためにこそ、『マス・メディア』の『表現の自由』が、憲法上保障されているということができる(17)」としている。

浜田純一は、「報道機関というものが、平等と自律を基本的な生活原理とする市民社会のうちに出発点を置きながら、同時に民主主義な統治構造の構成要素ともなっているという事情の中に存在しているように見える。こうした報道機関の二重の社会的地位は、それに対応する二重の憲法的地位の、つまり、一般市民と平等の法的地位と、一般市民とは区別される特別の法的地位との、微妙な共存を要請せざるをえないと考えられるのである[18]」としている。

　市川正人は、「マス・メディアの表現の自由は、ジャーナリストの集団的な表現活動を一体として保障するものであるといっても、ジャーナリスト個々人の表現の自由の単なる集合ではなく、個人の表現の自由とは性質を異にする。それゆえ、民主主義社会の維持にとっても、さらには国民の自律的な生活の実現にとっても不可欠なマス・メディアの表現活動に対して、国民の知る権利の保障という見地から特別の保護を与えることが憲法上許されるであろうし、また、憲法上要請される場合もあろう[19]」としている。

　長谷部恭男は、「マスメディアの表現の自由を支えるものが、民主的政治過程の維持、あるいは個人の自律を支える情報の提供という情報の受け手の利益に着目した議論であることから、いくつかの結論を導き出すことができる。まず、マスメディアの表現の自由がこのような社会全体の受け手の利益を根拠としているとすれば、個人レベルの送り手には認められない特権をマスメディアに認める手掛かりが得られる[20]」としている。

　駒村圭吾は、「筆者は、表現の自由のなかでも『プレス』『ジャーナリズム』と観念されてきた活動に、一定の制約と特権的保護を与え得る社会的利益の存在を認めるが、そのような公益は、表現の自由の保障根拠そのものであり、他の公益と対抗的関係に立って表現の自由を擁護する役割をも担うものでなければならないと考え、そのような公益として『多様な情報の流通』を位置づけた。民主制の維持では余りにも包括的である。筆者は、……多様な情報の流通を維持・促進し、それを再生産し続けるための信念（批判精神・真実究明など）を貫くことを『表現の自由の公共的使用の理念』と置いた。表現の自由の公共的使用の多くは『プレス』『ジャーナリズム』『マス・メディア』と観念される社会的活動によって担われているが、それらがある

種の特権を享受できるのは、上記の『理念』に照らし憲法的保護が必要とされる場合である（なお、そのような特権にあずかるのは、報道機関などのマス・メディアに所属するものに限定されない。表現の自由の公共的使用に訴える用意があり、上記の『理念』に合致するものであればフリーランスや一般市民にもその資格がある）(21)」としている。

　山田健太は、「日本においても、憲法 21 条の『言論、出版その他一切の表現の自由』に新聞や放送などのいわゆるマスメディアの表現の自由が含まれることには学説上ほぼ異論はなく、判例も『報道の自由』との概念のもとそうした考え方を認めてきている。さらに後述するように個別の法律によって、一定の言論・報道機関を特別に保護したり優遇しており、その意味で言論・報道機関に対し制度として特別の地位を与えてきているといえる(22)」としている。

　大石泰彦は、「マス・メディアの知る権利への奉仕を法的義務として明確にとらえる……法的義務説の特徴は、マス・メディア固有の社会的役割、すなわち社会における公開討論の場を設定し世論の形成を主導するという機能に着目して、取材・報道の自由をそれにふさわしい制度・装置として構成しようとするところにあります。したがって、この法的義務説をとる場合、マス・メディアに対してその地位にふさわしい特権（一般人の有さない自由）と責任（一般人の有さない義務）を付与することが当然に必要となり、マス・メディアの自由は自然人の自由とは異なる内容・構成をもつことになります(23)」としている。

　マス・メディアの憲法上の位置づけに関する多数説は、マス・メディアの社会的な影響力を前提として、法的にも個人の表現の自由を優越する存在として、マス・メディア企業を位置づける、所謂「制度的保障説」とか「法的義務説」という立場をとっている。

　榎原猛と松井茂記は、マス・メディアの表現の自由と、個人の表現の自由とを区別することに積極的ではないが、榎原は、「報道機関に対するなんらかの取材上の特権付与が認められるためには、それによって得られる国民の情報獲得上の利益が、それによって失われる規制目的達成上に与える直接的な不利益を凌駕し、かつ、国民間の不平等処遇を是認するに足るほど十分な

ものであることが証明されなければならないのである。これが報道機関になんらかの取材活動上の特権を付与すべきかどうかの問題につき、これを肯定的に解する場合の法理的条件である[24]」としている。

　また、松井も「マス・メディアを一般国民と完全に同等に扱うことが表現の自由保障の趣旨にかなうかというと、そうも言い切れないものがある。とりわけ、取材活動については、まったく平等に扱うことが逆にマス・メディアによる報道を制約し、情報の自由な流通にそぐわないこともありうる。それゆえ、マス・メディアを基本的には一般国民と同等の地位にあると考えつつ、マス・メディアの報道が多くの国民の知る権利に仕えるものであることを考慮して、実質的に平等な自由を保障するため、特に取材との関係では場合によってマス・メディアに便宜をはかることが許されることもありうると考えるべきではなかろうか[25]」としている。つまり両者とも、マス・メディアの重要性を否定しているわけではないし、個人の表現の自由とマス・メディア企業の表現の自由がまったく同等に扱われるべきだと論じているわけでもない。

　総じて法解釈上、マス・メディア企業は非常に重要な位置を占め、大きな社会的責任を持つと考えられている。マス・メディア企業が、「特権」をもっていると考えるかどうかは別として、個人とは異質の社会的責任を担っている、と考えられているといって間違いはないだろう。

　マス・メディア企業は、「法的義務説」という言葉にみられるように、法的には、社会的責任あるいは義務をを持つ存在としてみられている。しかし、そのことが皮肉な結果を生むのである。

　例えばこの学説の代表的な存在である長谷部は、「個人の語り手としての自由は、これを社会全体の利益（公共の福祉）にもとづいて規制することは許されないが、マスメディアの表現の自由を支えるものがそれ自体、社会全体の利益であるとすれば、その利益自体がマスメディアの表現の自由の制約を正当化する根拠となる場合も生ずる[26]」としているように、マス・メディア企業の公益性が強調されればされるほど、その表現の自由は、国家による規制の対象として当然視されるようになるのである。

　本当ならば、マス・メディアの公益性や社会的責任とは何か、という議論

がジャーナリズムの倫理学的な研究領域の方でなされなければならないのだが、日本では、マス・メディア法制の研究で述べられている公共の福祉、すなわち社会全体の利益という意味で、社会的責任は片付けられてしまう。すると社会全体の利益という意味は、国家のパワーエリートが規定することになる。つまり国家の都合のいい解釈にされていくのである。そして、都合よく解釈された公共の福祉あるいは社会全体の利益なるものに適う行為を、ジャーナリズムの「倫理」や「規範」と位置づけられてしまう、ということである。このような状況の中では、法規範、すなわちパワーエリートが規定した規範を守ること、それが倫理ということになってしまうのである。1990年代から2000年代にかけてのジャーナリズムの社会的責任に関わる問題を、「コンプライアンスの問題」といわれることが多くなっていたが、その意味を当時は「法令遵守」という意味で使用していたことが多かったことは、象徴的である。

　ジャーナリズム研究の欠点を社会学的な視点の欠如に求める人もいるが、社会学理論に則った科学的な分析は、記述的なジャーナリズム論を確立させるだろうが、それだけである。無意味とか、無駄とまではいわないが、既述の状況に対する何の解決にもならない。

　1990年代にマス・メディア企業に対する法規制の動きが加速し始めると、それに対応するために、自主規制を積極的に取り入れようとする2000年代の流れが生じた。しかし、それは法規制を逃れようとする対症療法的なものであって、ジャーナリズムの規範を確立しようとするものではなかった。その証拠に、未だにジャーナリズム倫理・法制という研究領域は存在しても、ジャーナリズムの倫理学あるいは規範理論という研究領域は確立していない。

　ジャーナリズムの確固たる規範が確立しない中で、2010年代に入っても、社会全体の利益（公共の福祉）を根拠にマス・メディアに対して規制を加えようとする動きは絶えることがない。2013（平成25）年には「選挙時期における報道の公平中立ならびに公正の留保についてのお願い」という文書が自民党から在京キー局に配布された。これは、選挙期間中の報道が、特定の政党や政治的立場に偏らず公平中立、公正に行われるように民放各局に要望するものであるが、政権与党である自民党がこのような要望をすれば、免許

事業である放送局にとっては、威嚇や介入の効果があることはいうまでもない。しかし、公平中立とは何か、という規範に関する議論はさほどなされぬまま、放送法4条1項2号「政治的に公平であること」を遵守することが倫理的な放送とされてしまうのである。

2015（平成27）年には取材のための海外渡航を計画したジャーナリストが、外務省から旅券返納を命じられた。これは2015年2月1日に、ジャーナリストとして取材のためシリア入りした後藤健二とみられる人物が、殺害される映像がネット上に配信されたのを受け、2月7日にシリア渡航を計画していたフリーカメラマンの杉本祐一が、「応じなければ逮捕もあり得る」と告げられて、旅券法19条1項2号に基づき、外務省に旅券の返納を命じられた、というものである[27]。ここでも中心となるのは、憲法21条、22条の報道の自由や移動の自由侵害や邦人保護やテロリストへの対応の問題であって、ジャーナリズムの規範が議論の中心になることはなかった。

2016（平成28）年には、高市早苗総務大臣が放送法4条違反を繰り返した場合、放送法174条や電波法76条に則り業務停止や電波の停止を命じることができる、と発言した。この時も、憲法21条の表現の自由に反するとか、むしろ放送法3条に反する干渉であるとか、放送行政は政府から独立した機関が担うべきだ等の制度論的な議論が中心であって、ジャーナリズムの規範という視点はみられない[28]。そもそも放送法4条1項の各号は、「1　公安及び善良な風俗を害しないこと」「2　政治的に公平であること」「3　報道は事実をまげないですること」「4　意見が対立している問題については、できるだけ多くの角度から論点を明らかにすること」というように明確な行為規範とはなっていない。明らかに法学的な議論ではなく、倫理学的な規範理論として検討されるべき問題なのだが、そうとはならなかった。

法規範は重要な規範ではあるが、立法機関によって、多数決によって決定されてしまうものである。一方ジャーナリズムは、第4の権力といわれることがあることからもわかるように、司法、立法、行政という三権とは別にデモクラシーを支えているものである。法規範のような、その時点の立法や行政の多数派やパワーエリートにとっての規範と全く同じであれば、三権と別のものということにはならなくなってしまう。そうなってしまったら、メ

ディアを通じた単なる情報伝達であって、ジャーナリズムではない。行政機関の一つでしかない。独自の規範の確立あってこそのジャーナリズムである。

日本のジャーナリズム状況を物語るのが、国境なき記者団が年1回発表している指標である、世界報道自由度ランキングの推移である[29]。2002年からの順位が確認できるが、2002年26位、2003年44位、2004年42位、2005年37位、2006年51位、2007年37位、2008年29位、2009年17位、2010年11位、2012年53位、2013年53位、2014年59位、2015年61位、2016年72位、2017年72位、2018年67位、2019年67位、2020年66位となっている。2009年から2012年までは民主党政権で上位にランクされるが、その他は全体的に低いランクであり、安倍政権下では右肩下がりの傾向といえる。報道の自由、つまりはジャーナリズムのあり方が、政権によって変わってしまうこと自体、ジャーナリズムの規範がパワーエリートに左右されている証拠である。この点は、ジャーナリストだけの責任ではなく、研究者の責任が大きいのだが、責任を果たそうにも、ジャーナリズムの規範理論を研究する研究者がほとんど存在しないのだから、問題は深刻である。

ジャーナリズムが、デモクラシーの礎の一つである以上、ジャーナリズムのあり方とデモクラシーのあり方は、相互に影響し合うものである。換言すれば、どのような社会であろうとするかは、ジャーナリズムの規範によって決まってくるのである。

本書は以上のような問題意識を前提としている。そこで以下のような構成にした。

まず第I部「理論」では、ジャーナリストの行為規範を追求するジャーナリズム倫理学の研究史を概観しつつ、基本的な理論を把握する。ジャーナリズム倫理学の専門誌が世界で初めて創刊されたのは、アメリカである。ジャーナリズム倫理学研究では先進国といっていいだろう。そこで具体的には、アメリカ・ジャーナリズム倫理学研究の主な流れをみていく中で、理論の展開を確認する。

第1章「専門職教育と社会的責任論—ジャーナリズムの規範理論研究の原点—」では、社会的責任論を切っ掛けとして、倫理学的な研究としてのジャーナリズムの規範理論研究が、発展していく過程をみていく。それまで憲

法修正1条などの法学的な研究が主流であったが、社会的責任論がジャーナリストの義務や責任といったものへと目を向けさせていく、日本との相違に注目する。

第2章「リバタリアン・ジャーナリズム―ジョン・C・メリル―」では、1930年代から1960年代にかけてのアメリカ・ジャーナリズム倫理学研究の低調期は、1970年代に入って活気を取り戻すが、その発端となったメリルの社会的責任論批判と、リバタリアン・ジャーナリズムを概観する。

第3章「リベラル・ジャーナリズム―エドマンド・B・ランベス―」では、1980年代は、ジャーナリズム倫理学研究が成長産業に転じた時代といわれるが、この時代を代表する文献であるランベスの *Committed Journalism: An Ethic for the Profession* に注目する。ランベスはジャーナリストの社会的責任という概念を、ジャーナリストが憲法修正1条の表現の自由の権利の行使を市民から委託された「スティワード（Steward）」である、と位置づけることによって説明した。その思想的な構造を解明する。

第4章「コミュニタリアン・ジャーナリズム―クリフォード・G・クリスチャンズ―」では、ジャーナリズム倫理学研究の1980年代の成長産業化を象徴する、1985年創刊の世界初の専門誌 *Journal of Mass Media Ethics* において、唯一個人の特集を組まれた研究者クリスチャンズに焦点を当てる。クリスチャンズが目指したものは、コミュニティにおける「相互関係（Mutuality）」を基盤としたコミュニタリアニズムに基づく、ジャーナリズムの規範倫理学確立であった。その理論的な構造を解明する。

第Ⅱ部「実践」では、ジャーナリストの行為規範を改めて考えてみるべく、いくつかの事例について考察する。

第5章「プライバシー侵害―『逆転』事件再考―」では、プライバシー侵害の事例などで重視されがちな、権利の倫理学に共通善の倫理学を対比させることにより、日本のジャーナリズム倫理・法制研究にはみられない視点から、『逆転』を再考する。

第6章「少年犯罪報道―『成長発達権』を手掛かりとして―」では、第5章と同様の視点から、少年法61条の問題を再考する。

第7章「『極化』現象―ヘイト・スピーチを手掛かりとして―」では、憲

法論に終始してしまいがちなヘイト・スピーチの問題を、倫理学の視点から考察する。

　第8章「紛争地取材—後藤健二の事例を中心として—」では、紛争地取材を事例として、専門職としてのジャーナリストゆえの行為規範について検討する。

　第9章「便宜供与—日本新聞協会『記者クラブに関する見解』小史—」では、日本特有のジャーナリズムに関する問題とされる、記者クラブに関するものの中でも便宜供与を取り上げ、信頼という行為規範を中心に考察した。

　最後に、終章「ジャーナリストの行為規範」では、以上を踏まえて日本におけるジャーナリズムの規範理論の提示を試みる。

---

(1) Christians, Clifford G., Glasser, Theodore L., McQuail, Denis, Nordenstreng, Kaarle & White, Robert A. (2009) *Normative Theories of The Media: Journalism in Democratic Societies.* Urbana & Chicago: University of Illinois Press. p.vii.

(2) 2003（平成 15）年に BRO は、BPO（放送倫理・番組向上機構）となる。

(3) 朝日の紙面審議会は、所謂「第三者委員会」に含められているが、所謂「アカウンタビリティ」を意識して作ったものとはいえず、例外とみても問題はないだろう。

(4) 椿発言：全国朝日放送（テレビ朝日）の椿貞良取締役報道局長による、日本民間放送連盟の放送番組調査会の会合の中での発言が問題となったものである。1993 年 7 月、第 40 回衆議院議員総選挙が行われ、非自民で構成される細川連立政権が誕生し、自民党は結党以来初めて野党に転落した。9 月に民間放送連盟の放送番組調査会の会合が開かれ、総選挙報道について話し合われたが、その中で椿報道局長は選挙時のテレビ朝日の報道姿勢に関して、自民党政権の存続を絶対に阻止して、なんでもいいから反自民の連立政権を成立させる手助けになるような報道をしようとした、という趣旨の発言を行った。10 月、産経新聞が朝刊一面で椿発言を報道し、大きな問題となった。郵政省は、放送法に違反する事実があれば放送免許停止もありうることを示唆し、同じ月に衆議院が椿局長の証人喚問を行うに至った。

(5) 松本サリン事件：1994 年 6 月 27 日、長野県松本市で発生したオウム真理教徒らが神経ガスのサリンを散布して、8 人が犠牲になった事件である。第一通報者の河野義行さんが、救急隊員に「薬の調合を間違えた」と話したという報道がなされ、河野さんの冤罪報道に繋がった。救急隊員は 3 人で、3 人とも「薬の調合を間違えた」という話を聞いていないということが、後日明確になっている。

(6) 和歌山カレー事件：1998 年 7 月 25 日、和歌山市内の夏祭りで、カレーを食べた 67

人が毒物中毒症状で病院に運ばれ、4人が死亡した事件である。別の殺人未遂と保険金詐欺容疑で逮捕された林眞須美容疑者が、この事件でも逮捕されるが、その40日も前から多数のマス・メディア関係者が容疑者の家を取り囲み、所謂「集団過熱取材」が問題となる切っ掛けとなった。なおこの事件の裁判は、2009（平成21）年4月21日、最高裁が上告を棄却し、その後死刑が確定したが、林被告は再審請求した。

(7) 脳死臓器移植報道：1999年2月25日の午後7時のニュースで、NHKは高知県内の病院に入院している脳死状態の患者が、臓器提供に同意するドナーカードを持っており、日本で最初の法に基づく臓器移植へ向けて脳死判定が行われることを報道した。この際、入院している病院名、年齢、性別等を報道した。この患者が入院していた高知赤十字病院は大騒ぎになり、2月26日にはマス・メディアの取材による混乱を避けるため、病院内に記者クラブが結成されるに至った。病院内の会議室に設けられたこの記者クラブは、会議室の白板に社名を書き込むだけで入会できるもので、多い時には200名くらいの報道陣が詰めかけた。このような状況が、「死の実況中継」との批判を受けた過熱報道へと繋がっていった。

(8) 所沢ダイオキシン報道：1999年2月1日の全国朝日放送（テレビ朝日）の報道番組「ニュースステーション」のダイオキシン汚染に関する特集に端を発するものである。この日の放送では株式会社環境総合研究所の所沢産野菜の調査結果が報じられたが、その内容は、所沢産の野菜のダイオキシン濃度は、1グラムあたり0.64〜3.80ピコグラム（1ピコグラムは1兆分の1グラム）という突出して高い濃度が検出された、というものだった。その際ゲストとして出演した、環境総合研究所の所長は、任意提出の野菜で調査をしたため、農家に迷惑がかからないように、野菜の種類の特定を避けた。しかし放送の中で、この数値を示している野菜がほうれん草か問われると、「まあ、ほうれん草がメインですけども、葉っぱものですね」と答えた。しかし、3.80ピコグラムが検出されたのは煎茶であったことを明らかにしなかった。この放送後に所沢産の野菜は、風評被害で大打撃を受けることとなった。所沢の農家376名は、テレビ朝日と環境総合研究所を相手取って謝罪広告及び損害賠償を求めて提訴した。1審2審とも不法行為の成立を否定したが、最高裁は原審を破棄し差し戻した。その後東京高裁の勧告により和解が成立した。

(9) 個人情報保護法（個人情報の保護に関する法律）は、2003年5月23日に制定された。当初、利用目的による制限、適正な取得、正確性の確保、安全性の確保、透明性の確保等の基本原則が報道の自由を侵害するおそれがあり、マス・メディアが主務大臣の監督下に置かれることを意味しかねないものでもあったため、一度廃案になり修正案が成立した。修正案は基本原則を削除し、主務大臣に関する部分は、報道機関を対象とはしなくなった。しかし適用除外規定は、「放送機関、新聞社、通信社その他の報道機関（報道を業として行う個人を含む。）報道の用に供する目的」と、報道機関の定義をしている。

(10) 人権擁護法案は、2002年3月8日に国会に提出された。法案には、マス・メディ

アによる人権侵害の救済が含まれていた。

(11) 青少年有害社会環境対策基本法は、2000年青少年保護の観点から、有害情報を法規制しようと、自民党が国会に提出しようとしたものである。

(12) 第1章参照。

(13) 芦部信喜（1974）『現代人権論—違憲判断の基準—』有斐閣　370～371頁。

(14) 伊藤正己（1974）『現代社会と言論の自由』有信堂　98～99頁。

(15) 奥平康弘（1984）『表現の自由Ⅱ』有斐閣　159頁。

(16) 清水英夫（1970）『法とマス・コミュニケーション』社会思想社　23～24頁。

(17) 石村善治編（1998）『新版現代マスコミ法入門』法律文化社　212頁。

(18) 浜田純一（1990）『メディアの法理』日本評論社　70頁。

(19) 市川正人（2003）『表現の自由の法理』日本評論社　28～29頁。

(20) 長谷部恭男（1992）『テレビの憲法理論』弘文社　37頁。

(21) 駒村圭吾（2001）『ジャーナリズムの法理』嵯峨野書院　108頁。

(22) 山田健太（2004）『法とジャーナリズム』学陽書房　50頁。

(23) 大石泰彦（2004）『メディアの法と倫理』嵯峨野書院　20～21頁。

(24) 榎原猛（1982）『表現権理論の新展開』法律文化社　217頁。

(25) 松井茂記（2003）『マス・メディア法入門　第3版』日本評論社　28頁。

(26) 長谷部恭男（1992）前掲書　37頁。

(27) 第8章参照。

(28) 放送法　第3条　放送番組は、法律に定める権限に基づく場合でなければ、何人からも干渉され、又は規律されることがない。

　　第174条　総務大臣は、放送事業者（特定地上基幹放送事業者を除く。）がこの法律又はこの法律に基づく命令若しくは処分に違反したときは、三月以内の期間を定めて、放送の業務の停止を命ずることができる。

　　電波法　第76条　総務大臣は、免許人等がこの法律、放送法若しくはこれらの法律に基づく命令又はこれらに基づく処分に違反したときは、三月以内の期間を定めて無線局の運用の停止を命じ、又は期間を定めて運用許容時間、周波数若しくは空中線電力を制限することができる。

(29) 2011年のランキングは2011-2012年度版として2012年に発表された。国境なき記者団のホームページの各年度の報道の自由年度ランキング https://rsf.org/en/ranking/ 2020年5月28日アクセス。2001年以前は見当たらなかった。

第I部

理 論

第1章

専門職教育と社会的責任論
——ジャーナリズムの規範理論研究の原点

はじめに

　1985年、世界初のジャーナリズム倫理学の学術雑誌 *Journal of Mass Media Ethics* が創刊された。このことに象徴されるように、アメリカにおけるジャーナリズム倫理学が、「成長産業[(1)]」に転じたとされたのは、1980年代である。もちろん突然そうなったわけではない。特にジャーナリズム倫理学研究の場合は、1930年代から1960年代の間が「低調期[(2)]」とされている。ただし、低調期といわれる時期に、何らみるべきものがなかった、というわけではない。むしろ今日のアメリカ・ジャーナリズム倫理学研究が、個々のジャーナリストの道徳に関する考察にとどまらず、デモクラシーにおけるジャーナリズムの役割を視野に入れた、規範理論研究へと展開していく原点をみることができるのである。本章ではこの低調期に焦点を絞って、アメリカ・ジャーナリズム倫理学研究の展開をみていくことにする。

1. 専門職教育とジャーナリズム倫理学の「一時的活況」

　1800年代後半、アメリカは急速な工業化、機械化、都市化を迎え、社会

的、文化的、政治的に大きく変化した。ジャーナリズムもそうした時代の中にあって、より多くの読者のヒューマン・インタレストに応える、ポピュラー・プレスの性格をより明確にしていった。新しい技術を取り入れたニュース企業としての姿を、確立していったのである。

　ジャーナリズムに関わる状況の変化を具体的にみてみると、電信は 1868 年から 1900 年までに全米に敷設された回線のマイル数が、9 万 7,594 マイルから 93 万 3,153 マイルまで増加している。これに対して電信の使用料は、1876 年には 1 メッセージあたり平均約 51 セントだったものが、1884 年には約 37 セントと値下がりしている。蒸気機関等による機械化は、短時間での新聞の大量印刷とその輸送を可能にした。そればかりではなく製紙業界における機械化が、新聞用紙の費用低減へと繋がったのである。1860 年代中盤、大都市の新聞社は新聞用紙に総支出の 45% から 50% を費やしていたが、1880 年までには 17% に低下している[3]。新聞雑誌等の購読者の拡大のためには必須である教育も、この時期に発展した。1870 年から 1900 年の子供のパブリックスクール就学率は、57% から 72% に上昇し、高校の数は 1860 年には 100 校程であったものが、1880 年には 800 校となり、1900 年には 6,000 校に急増した。また識字率も人口の八割ほどから九割近くにまで上昇している。これに伴い、1870 年から 1900 年までの間に、英字日刊紙の総数は 489 紙から 1,967 紙へと増加し、日刊の刊行物の総発行部数は、260 万部から 1,500 万部へと上昇した[4]。

　新聞のポピュラー・プレスとしての地位確立は、商業主義へと繋がっていった。ジョゼフ・ピュリツァーとウィリアム・ランドルフ・ハーストのイエロー・ジャーナリズムに代表されるような、激しい販売競争をもたらすこととなり、紙面におけるセンセーショナリズムを促進する結果となったのである。新聞業界の商業主義が、センセーショナルな紙面に結びついたのは、「売れる紙面」を目ざす編集方針だけではなかった。センセーショナルな紙面作りと記者の活動を結びつけるものとして、「正規の記者と、当時一般的であった出来高払いの契約記者との競争は、たぶんその一因であったろう。既に、当時の記者の支払いと仕事のシステムが、ニュースの中のセンセーショナリズムを促進する傾向[5]」があったのである。そのシステムというのが、

「記者が書いた記事のコラム・インチによって支払われる[6]」ものであった。契約記者達は、生活のために少しでも多く自らの記事が掲載される必要があった。そのために、なりふりかまわぬ取材と記事執筆が行われたのである。新聞業界の販売競争は、少しでも人件費を浮かせようとする経営方針を生み、それへの対応を迫られた契約記者達の生存競争が、イエロー・ジャーナリズムの傾向をより助長していったのである。

　それは、当時のジャーナリズムに対する激しい批判と反感を招くこととなった。例えば、サミュエル・ウォーレンとルイス・ブランダイスの論文 The Right to Privacy は、そうした批判の代表的なものということができる。二人は「プレスは、あらゆる方面において、明らかに礼儀や品位の境界を踏み越えている。ゴシップは、もはや、くだらないたちの悪い退屈しのぎ程度のものではなく、ずうずうしくもプレス業界にとっては、従事すべき本業となったのである。好色な興味を満たすために、性的関係についての詳述が、毎日の紙面中に、鏤められている。怠惰なものを引き付けるために、記事という記事は、くだらないゴシップに満たされている。そして、そういう記事は、家庭生活内への侵入によってのみ、書かれうるものなのである[7]」と、当時の新聞を酷評し、誰もがプライバシー侵害から法的に保護される必要性を訴えたのである。受けのいい新聞には、ニュースの虚偽や偏向といった苦情も非常に多く伴ったのである。

　一方、1800年代後半のアメリカ社会の変化は、大学教育に関してもみられた。1862年制定のモリル法による政府補助や新興富裕層による財政支援を受けて、州立大学も私立大学も著しい発展を遂げるのである[8]。このモリル法は、農科大学設立を目的とした公有地払下げの法律ではあったが、それを切っ掛けとして、大学における専門職教育の論理が活発に論じられるようになったのである。そしてジャーナリズムも、モリル法の後に続いた専門職教育のうねりとともに、大学教育に組み込まれたのである[9]。

　大学における専門職教育が活発に論じられる中で、プレスは自らの道徳的堕落を認め、ジャーナリズムのあり方を改善していこうと動き出した。その動きは、専門職教育や倫理綱領の制定等に繋がっていった。1800年代後半、州立大学も私立大学もその数を増やしていく中で、ジャーナリストを専門職

業人として大学教育で養成しようという流れが確立していった。そうした中にあって、1915 年までにジャーナリズム倫理学の講座も、インディアナ、カンザス、カンザス・ステイト、ミズーリ、モンタナ、オクラホマ、オレゴン、ワシントンといった各大学に置かれ、他の大学でもジャーナリズム史やジャーナリズム法の講座の中で、ジャーナリズム倫理学の教育が行われていた。また「倫理綱領（Codes of Ethics）は、20 世紀初頭のジャーナリストが自身への批判に答えるためと自らの最善の業務を明確にするために使用した主たる手段[10]」であった。

　1910 年に採択されたカンザス編集者協会（Kansas Editorial Association）をはじめとし、1910 年代から 1920 年代にかけて、州のプレス協会や個々の新聞社で、倫理綱領が採択されていった。その流れの一つの頂点といえるのが、1923 年に制定され、後に日本の新聞倫理綱領にも影響を及ぼす、アメリカ新聞編集者協会（American Society of Newspaper Editors）の倫理綱領（Canons of Journalism）[11] である。

　大学において専門職教育がなされ、当該専門職に従事する者の職能団体が設立され、当該団体に所属する者が遵守すべき倫理綱領が制定される、という専門職の三本柱が、ジャーナリズムにも形成されていくと、その動きに続いて、システマティックなジャーナリズム倫理学の 5 文献が、集中的に刊行された。ジャーナリズム倫理学の「一時的活況[12]」と呼ばれる時期を迎えるのである。5 文献とは、ネルソン・クロフォードの *The Ethics of Journalism*（1924）、レオン・フリントの *The Conscience of the Newspaper*（1925）、ウィリアム・ギボンズの *Newspaper Ethics*（1926）、ポール・ダグラスの *The Newspaper and Responsibility*（1929）、アルバート・ヘニングの *Ethics and Practice in Journalism*（1932）である。これらの文献は、それまでに積み上げられてきた伝統的な倫理学の営みを基盤としていた。また、記者と取材源、経済的な誘惑と利害衝突、国家安全保障、自由なプレスと公平な裁判、欺くこと、公正さ、正確さ、センセーショナリズム、プライバシーといった問題等を扱っており、今日のジャーナリズム倫理学の文献の内容と、ほぼ共通している[13]。

　いうまでもなく、一時的活況を呈した理由は、しっかりとした倫理観をも

ったジャーナリストを、大学教育によって養成しようという風潮が高まりだしたために、ジャーナリズム倫理学の講座のテキストが必要となった、ということである。

19世紀を通じて道徳哲学は、アメリカの大学のカリキュラムにおける、最も重要な講座であった。中世の大学以来の伝統を受け継ぐ道徳哲学は、知識の異なる分野に知的統一を与えて、学生に善良な市民たる準備をさせることを目的とした。道徳哲学の講座の主な構成要素は、倫理学の理論的支柱であり、倫理学原理は道徳的感性を喚起し、最良の長期的指針を与えるものであった。大学における専門職教育の一つとなったジャーナリズム教育にも、専門職倫理教育は重要なものだったのである。しかしジャーナリズム教育が大学の高等教育になった20世紀初頭、道徳哲学は衰退期にあった。純粋な知識は科学的な自然法則においてのみ確認されることができると理解する、科学的自然主義がこの時期の知識構造を秩序立てるようになった。哲学的な問いは、自然科学そのものに難癖をつけることであり、すべての有意な知識とは、絶えず物理学、化学、生物学等の模範的な学問分野と共にあった。自然科学の進歩は、コミュニケーション研究者を含む研究者達に、その方法論と原理を促進されながら、称賛される理想となった[14]。

大学教育で支配的な地位を占めるようになっていく専門職においても、その倫理の判断基準は、科学的な基盤に裏付けられた技術的な専門知の熟達と使いこなしであった。例えば、医師の実務において、専門職的道徳性のための規範的モデルは、健康に関わる科学の正しい応用であった。このような状況下にあって、専門職教育としてのジャーナリズム教育の一環として、大学に講座が置かれ出したジャーナリズム倫理学は、システマティックな道徳哲学とは、まったくかけ離れて展開してきたのである[15]。

科学的自然主義を事実と価値の二分法に拡大解釈することにより、ジャーナリズムの道徳性は、中立的なデータの不偏不党報道と同義になった。客観報道は単なる技術ではなく、道徳的規範でもあった。情報を伝えることから価値判断を対象外にすることは、美徳と考えられた。科学、技術、専門職等の進歩と歩調を合わせられなかった道徳哲学は、その代わり衒学的な範疇と評価されるようになったのである。ジャーナリズム倫理学研究の一時的活況

は、道徳哲学の領域外で起きたものである。哲学としての倫理学は、専門職や社会科学・自然科学といった、大学においてますます支配的になっていくものから、流刑者にされたのである[16]。

　このような時代に、道徳哲学としてのジャーナリズム倫理学の居場所はなかったのである。科学的自然主義の時代にあっては、価値観が伴う行為規範の構築よりも、科学的なデータに基づく客観報道の追求の方が、ジャーナリズムの倫理を考えるためには重要だったのである。1932年を境として、「倫理」という言葉がジャーナリズム研究の文献タイトルから40年間姿を消すことに象徴されるように、この1920年代を中心とするジャーナリズム倫理学研究の高まりは、皮肉にもジャーナリストが専門職とされたがゆえに、文字通り一時的活況に終わるのである。以後1970年代まで、ジャーナリズム倫理学研究は低調期であった、とされる。

2. プレスの自由委員会[17]と
『自由で責任あるプレス（*A Free and Responsible Press*）[18]』

　ジャーナリズム倫理学研究の低調期真っ只中の1947年に発表された、プレスの自由委員会の報告書『自由で責任あるプレス』は、発表当時「ジャーナリズム業界から賛同を得られなかった[19]」。それにもかかわらず、その後「国際的にも国内的にも必要とされるであろう、未知の時代のプレス理論の新しい枠組み[20]」だったと評価されるようになる。「世界が模倣すべきアメリカ発の指標というのではなく、デモクラティックな社会がプレスのために有効な哲学や政策を展開するために必要なものの一種[21]」というように、アメリカばかりでなく、多くの国々で受け入れられている考え方とされている。現在では、ジャーナリズム倫理学研究の古典といって過言ではない。

　プレスの自由委員会の研究は、その組織の名前からも推測できるように、必ずしもジャーナリズムの倫理学を研究対象に絞っていたわけではない。そもそもプレスの自由委員会への出資者で、5大雑誌出版社の一つタイム社のヘンリー・ルースは、検閲とメディア企業経営への政府の介入が関心事であった。ルースにとって第二次世界大戦時の検閲は、自らも報道絡みで妻が拘

束された経験を持つため、生々しいものであった。また当時の政府は、メディア企業の独占寡占化を懸念し、メディア企業の経営を多様化させようとしていた。ルースの所有する巨大メディア企業[22]は、政府が調査に乗り出すべき典型的なものであった。こうしたことからルースは、1942年12月に古典的な「思想の自由市場論」を再肯定するような結果を期待して、シカゴ大学総長ロバート・M・ハッチンスにプレスの自由に関する検討を依頼したのである[23]。

翌年、タイム社から20万ドル、エンサイクロペディア・ブリタニカ社から1万5,000ドルという資金を受けて、プレスの自由委員会が結成された。プレスの自由委員会はプレスの関係者58人の証言を聞き、プレスに関心をもつ産業界、政府、民間機関等の225人以上にインタビューし、2、3日にわたる会合を17回開き、176の文書を検討した[24]。

プレスの自由委員会は、プレスの当時の状況の特徴として、事業体の減少傾向を挙げている。当時は、小さなプレスの淘汰が進んだ所が多かった。新聞では日刊紙の発行数が、1909年の2,600紙をピークとして減少し続け、目下1,750紙となっていた。その日刊紙が発行されている都市の中でも、競合紙があるのは117都市だけで、約12分の1となっていた。どの都市にも競合する日刊紙がない州は10州で、どの都市にも競合する日曜紙がない州は、22州だった。日刊紙の総発行部数約4,800万部中、40%が競合紙を持っていなかった。競合紙が存在するのは大都市だけになっていた。また、日刊紙1,750紙の95%で、総発行部数の0.2%を除く全てが、AP、UP、INSという3大通信社の一つかそれ以上から配信を受けていた。ラジオは4大ネットワーク、映画は8大社があった。出版は、雑誌出版社にも、書籍出版社にも5大社があった。

当時の状況の特徴は、プレスの規模の拡大に伴う事業体の減少だけに止まらない。一個人か一企業によって、一つあるいは複数の都市の新聞やその他のマス・メディアを複数所有する「チェーン・オーナーシップ」もあげられる。全国レベルのハースト、スクリップス－ハワード、マコーミック－パターソン各グループとそれよりも小さな地域、地方レベルのチェーンは、全米の新聞の総発行部数の53.8%を占め、14人で日刊紙総発行部数の25%を支

配し、50人足らずで日曜紙総発行部数のほぼ半分を支配していた。

　以上のようにコミュニケーション産業を通じて、小さなものはごく限られた周縁部に存在するだけで、新規事業を興す機会は、極めて限られていた[25]。

　プレスの自由委員会は、当時のプレスの状況を踏まえて、プレスの自由は危機に瀕している、と結論づけるが、その理由を次の三つであるとしている。

1. 人々に対するプレスの重要性は、マス・コミュニケーションの手段としてのプレスの発展と共に、著しく増大してきた。同時に、マス・コミュニケーションの手段としてのプレスの発展は、プレスを通じて自らの意見や考えを表現することができる人々の割合を、著しく減少させてきた。
2. マス・コミュニケーションの手段としてのプレスという機構を使用できる僅かな人々は、社会の必要に対して十分にサービスを提供してこなかった。
3. プレスという機構の管理者は、時々社会が非難し、もし継続すれば規制や統制を不可避的に受けるようなことをしてきた。[26]

　プレスの自由委員会は、個人の表現の自由とプレスの自由が異質なものになったと捉えた。もはやプレスの自由は、古典的な思想の自由市場論の範疇にはなく、個々人の権利や公共の利害と合致する必要があるもの、という結論を下したのである。そこで、プレスの自由の危機を脱するためには、五つのことが要請される、としたのである。

1. 日々の出来事の意味がわかるような文脈において、そのような出来事の誠実で、包括的で、理性的な説明をすること。
2. 解説と批判の交換の場であること。
3. 社会を構成する諸集団の代表的な実像を映し出すこと。
4. 社会の諸目標や諸価値を提示し、説明すること。
5. 日々の情報に十分に接触できること。[27]

プレスの自由委員会は、プレスの巨大化、集中化によって、プレスの自由論を修正せざるをえない、としたのである。意見を自由に交換できることを前提とする古典的な思想の自由市場論は、全ての人々が意見の表明をすることにおいて、対等である必要があった。しかし、巨大化、集中化したプレスの下では、それに接触できる者のみに「発言」が許された。自分の意見を伝える手段を持たなければ、どんなに正しい意見であろうとも、存在しないのと同じようなものである。つまり、古典的な自由市場の原理には、20世紀のような巨大なマス・メディアというようなものの存在が、予定されていなかったのである。こうした現実認識の下にプレスの自由委員会は、政府、プレス、公衆それぞれがなしうる行動を勧告している。

　政府を通じてなされうること
1. 我々はプレスの自由の憲法的保障がラジオや映画を含むものと認識するべきであると勧告する。
2. 我々は政府がコミュニケーション産業における新規の起業を促進し、そのことが新しい技術の導入を助長し、反トラスト法によって大規模事業体間の競争を維持すること、しかしそうした法律はそのような事業体を解体しない程度に使用されるべきであり、コミュニケーションに集中が必要な場合、政府は公衆がそのような集中で利益をえるかに気をつけるよう努めることを勧告する。
3. 名誉毀損の現行救済措置に代わるものとして、我々は被害者側が加害者による事実の取り消しあるいはいい直し、または反論の機会を獲得しうる法の制定を勧告する。
4. 我々は暴力を生ずる明白かつ現在の危険が存在しない場合、我が国の制度の革命的変革のための表現を禁止する法の制定は無効であることを勧告する。
5. 我々はマス・コミュニケーションのメディアを通じて、政府がその政策に関する事実や根底をなす目的を公衆に伝えることと、マス・コミュニケーションの民間機関が政府ためのそうしたメディアとして務まらないか務めようとしないという程度であれば、政府自体が

メディアを用いることを勧告する。また我々は、マス・コミュニケーションの民間機関が特定の外国の一つあるいは複数にこの国についての情報を伝えられないか伝えようとしない場合、政府がそうした欠陥を補うために政府自体のマス・コミュニケーションのメディアを用いることを勧告する。

プレスによってなされうること
1. 我々はマス・コミュニケーション機関が情報や議論のコモン・キャリアーの責任を受け入れることを勧告する。
2. 我々はマス・コミュニケーション機関が自らの領域での新しい実験的活動に資金調達する責任を引き受けることを勧告する。
3. 我々はプレスのメンバーが精力的な相互批評に従事することを勧告する。
4. 我々はプレスが自らのスタッフの能力、独立性、効率性の向上のために考えられうるすべての手段を使用することを勧告する。
5. 我々はラジオ業界が自らの番組をコントロールし、最良の新聞の扱い方と同様に広告を扱うことを勧告する。

公衆によってなされうること
1. 我々は非営利団体がアメリカ国民によって要求されたプレスのサービスの多様性、量、質の供給支援をすることを勧告する。
2. 我々はコミュニケーション領域の先端研究、調査、発表の学術 − 専門職センターの創設を勧告する。さらに我々は既存のジャーナリズム学部がその学生に最も広く多くの一般教養を獲得させうる目的のために自らの大学のすべての資源を活用することを勧告する。
3. 我々はプレスの業務に関する年次評価や報告を行う新しい独立機関の設立を勧告する。[28]

　プレスの自由委員会の報告は、「巨大なマス・メディアの出現による国家（ないし政府）・メディア＝市民という二極的な言論状況から国家（ないし政

府）・メディア・市民という三極的な言論状況への変化に対する極めて現実的な対応(29)」だったのである。そこでプレスばかりでなく、政府や公衆がなすべきことをも勧告する、という形になっているのである。

　しかしプレスの自由委員会が出した報告書は、ルースを失望させた。その内容は、ルースをはじめとするプレスの経営者達には、聞きたくない言葉だった。ルース達は、委員会の報告を非難した。政府の介入からの自由は、メディアの公的奉仕の義務を否定するものではなく、公的奉仕のための自由は、政府の介入からの自由の前提である、とするプレスの自由委員会の基本的な主張を否定しようとした。まるでチェーン化した新聞社や1都市1紙状態の日刊紙が、伝統的な自由市場の原理に影響を及ぼすことはないかのように、思想の自由市場論に執着した。そして当時のメディア企業の仕事は、市民の知る権利ためにニュースや意見を供給するのではなく、広告主に読者・視聴者を売る事業になっていった(30)。

　またプレスの自由委員会は、「公衆によってなされうること」の二番目の勧告等で、ジャーナリズム教育に言及している(31)。プレスの社会的責任を強調するとともに、その担い手たるジャーナリストを養成する、大学でのジャーナリズム教育の重要さを論じているのである。ただし、基本的な立場としては、各大学のジャーナリズム学部は、そのなすべき義務を果たしていない、との強い批判であった。このような言及に対して、AASDJ（アメリカ・ジャーナリズム学部学科協会 American Association of School and Department of Journalism）会長のロバート・W・デズモンドは、「ジャーナリズム学部に関するところほど、この委員会が、ふんだんに奇想を放っているところはない(32)」と、非常に攻撃的に反論している。ジャーナリズムの研究者が、プレスの自由委員会のメンバーにいなかったこともあり、専門外のジャーナリズム教育に言及したために、メディアの経営者達ばかりでなく、ジャーナリズムの研究者達からも、非難される結果となったのである。

　一連の反応や批判が、正当なものであったかどうかは別として、プレスの自由委員会の報告書『自由で責任あるプレス』は、発表当初高く評価されなかったばかりでなく、メディアの業界からも、研究者からも非難されたり、無視されたりしたのである。

3.『マス・コミの自由に関する四理論（*Four Theories of the Press*）[33]』と社会的責任論

　メディア産業界がハッチンス委員会の報告書を無視した一方で、大学のジャーナリズム学部等では、この報告書を真剣に受け取るようになっていった[34]。その発端が、1956年に刊行された、フレッド・シーバート、セオドア・ピータスン、ウィルバー・シュラムらによる『マス・コミの自由に関する四理論（以下『四理論』とする）』である。

　『四理論』は、その類型学的な思考により、ジャーナリズム研究にとって、極めて重要なものであった。この文献の副題は「プレスがどうあるべきであり、何をすべきかに関する権威主義、自由主義、社会的責任、ソビエト共産主義の概念[35]」となっている。これらの四つの概念は、「プレスの存在理由はなにか、プレスが、国によって、まるで違う目的に奉仕したり、非常に異なった形態を示しているのはどうしてなのか[36]」という、著者達自身の基本的な疑問に対する自らの返答である。

　『四理論』では、この本の主題は「プレスは常にそれが活動している社会の、社会的政治的構造に応じた形態をとり、色あいをおびているものだということにある。とりわけ、それは、個人と機構との関係を規律している社会的統制制度を反映しているものなのである。われわれは、プレスを体系的に理解するには、社会のこういった側面を理解することが肝心だと信じている[37]」としている。このような主張は、道理にかなっており、『四理論』はプレスのシステムが、異なる政治システムや哲学に結びつけられることを示唆して、社会におけるメディアの役割を省察するための、歓迎されるべき刺激を供給したのである。社会的な規範の問題は脇に置いて、価値自由の立場を取る社会科学的慣習の中にあって、『四理論』は政治的価値や専門職倫理等と社会とを、どのようにプレスが関係づけるかの系統的な分析という、マス・コミュニケーションの新しい領域の方向づけを行った。プレスと社会の異なるパラダイムを対比する方法は、理論的に有効であるばかりでなく、ジャーナリスト養成教育のための重要な講義のツールを供給した。第二次世界大戦以来のマス・メディアの発達とともに、政治との関係を含む、社会にお

けるマス・メディアの役割と課題を明確にする不可避的な必要が存在していた。しかし、当時台頭してきた学問領域には、応えられるものがほとんどなく、それゆえ『四理論』がこの分野の古典となったのである。『四理論』はベストセラーとなり、たぶん他のいかなるジャーナリズム研究の文献よりも、多くの回数増刷され、多くの言語に翻訳されたのである(38)。

　『四理論』は、『自由で責任あるプレス』で主張された考え方に「社会的責任論」と名づけ、「決してハッチンス委員会の学者グループのこしらえた抽象論だと片づけてしまってはいけない、ということをのべておこう。ハッチンス委員会では評判のよくなかったプレスの一派は、この理論をそう扱ってきた。しかし、この理論の本質的なものは、すべて、委員会よりずっと以前に、責任ある編集者や発行者によってのべられたものであったし、また、委員会以後ないしは委員会とはまったく独立に、ほかの責任ある編集者や発行者によっても表明されてきているものなのである。これは現実の趨勢であって、机上の空論ではない(39)」とした。そして社会的責任論を次のように図式化している。

　　発達の時期と地域：20世紀にアメリカで発達した。
　　起源：W・E・ホッキングの著書、プレスの自由委員会、実際家およびメディア倫理綱領から生まれた。
　　主目的：知らせ、楽しませ、売ること、しかし主としては抗争を討論のレベルに引き上げること。
　　メディアを行使できる者：言いたいことのある者はすべて権利をもつ。
　　メディア統制の方式：社会の世論、消費者の行動、および職業的倫理。
　　禁止事項：公認されている人権、および重要な社会的利益の重大な侵害。
　　所有形態：政府が公共サービスを保障するために乗り出す必要のある時以外は私有。
　　他理論との基本的な相違点：メディアは社会的責任の義務を負わねばならぬ。もし負わぬばあいは、誰かがメディアの行動を監視せねばならぬという点。(40)

『四理論』によって、プレスの自由委員会の考え方は、社会的責任論という規範理論として、アメリカの各大学のジャーナリズム教育の中で浸透していくことになる。さらには、『四理論』を学んだ者が、ジャーナリズムの現場で多数派を占めるようになった時、社会的責任論は、アメリカ・ジャーナリズム規範理論研究の主流となるのである。

　ジャーナリズム倫理学研究の低調期とされる時期の後半、つまり 1950 年代と 1960 年代の 20 年間は、既述のように、まだ「倫理」という言葉を使用した文献は登場しなかった。しかしその代わりに、1947 年の報告書刊行時点では無視された、プレスの自由委員会の考え方が見直され、「責任」という言葉がジャーナリズムにおいて重要視されるようになる時期だったのである[41]。

おわりに

　ジャーナリズム研究における倫理学は、ジャーナリストが大学教育で養成されるべき、専門職となったがゆえに一時的活況を迎えた。しかし、専門職教育が科学的自然主義と手を携えるようになるとともに、低調期を迎えることとなる。

　一方、制度比較研究として見直された社会的責任論は、専門職教育のツールとして浸透していった。社会的責任論の浸透は、技術論としての客観報道や、社会科学としてのコミュニケーション論の延長上のニュース分析等に終始し、ジャーナリズムとは何か、という本質を追究しなくなっていたジャーナリズム研究に、倫理学を呼び戻したといえる。その意味で極めて重要な理論である。それは現在でも、一定の評価をえていることからも証明できる。つまり社会的責任論の登場が、ジャーナリズム研究における倫理学の確立へと繋がっていったのである。いわば一時的活況から低調期にかけてのジャーナリズム倫理学は、専門職教育に翻弄される歴史を歩んだのである。

　しかし社会的責任論は、あくまでも制度類型、あるいは制度比較といった法学的・制度論的な研究として生じたものであって、倫理学的・哲学的な研

究として生まれてきたものではない。ジャーナリズム研究史の中で重要な位置を占めることに変わりはないが、あくまでも規範理論研究の重要性に目を向けさせた、という役割であって、規範理論としてのジャーナリズム研究の隆盛は、この社会的責任論に対して、肯定的であれ、否定的であれ、批判的な所論が登場するのを待つことになるのである。

　アメリカにおけるジャーナリズム倫理学研究として、現在の研究対象をもカバーしていた優れた研究と評価される、一時的活況の5文献は、アメリカのジャーナリズム規範理論研究のスタート・ラインではなかった。アメリカにおいてジャーナリズムの倫理学や規範理論の研究の重要性が強調されだした時、その中心となったメリルやクリスチャンズは、規範理論研究における法学的・制度論的な研究と倫理学的・道徳哲学的な研究の相違を訴えた。哲学的な基盤を持った規範理論研究と、法規範の研究の役割の違いを主張したのである。しかし皮肉なことに、そのような議論を呼び起こす切っ掛けとなり、アメリカのジャーナリズム規範理論研究の原点ともいえる位置を占めたのは、法学的・制度論的な研究である、プレスの自由論の再検討に端を発するものであった。そうして生まれた社会的責任論が、アメリカのジャーナリズム規範理論研究の原点となったのである。

　＊本章は、「科学研究費助成事業（学術研究助成基金助成金）：極化現象の分析と『ポスト・トゥルース』時代の倫理学的視座の探求（研究種目：基盤研究（C）一般　研究課題番号：18K00049：2018年4月1日〜2021年3月31日）」による研究成果の一部である。

---

(1)　Christians, Clifford G. (1991) "Communication Ethics" *Communication Research Trends*, Vol.11, No.4, p.1.

(2)　Lambeth, Edmund B. (1988) "Marsh, Mesa, and Mountain: Evolution of the Contemporary Study of Ethics of Journalism and Mass Communication in North America." *Journal of Mass Media Ethics*, Vol.3 No.2, pp.20-25.

(3)　Shaw, Donald L. (1967) "News Bias and the Telegraph: a Study of Historical Change."

Journalism Quarterly, Vol.44, pp.6-10.

(4) Emery, Michael, Emery, Edwin & Roberts, Nancy L. (2000) *The Press and America: An Interpretive History of the Mass Media, 9th ed.* Needham Heights: Allyn & Bacon. p.157. 訳書として大井眞二、武市英雄、長谷川倫子、別府三奈子、水野剛也（2016）『アメリカ報道史　ジャーナリストの視点から観た米国史』参照。なお、タイトルにもなっている「プレス」という言葉は、マス・メディアとほぼ同義に使用されている。そのため本書においても、プレス、メディア、マス・メディアは、互換的に使用している。

(5) Pilgrim, Tim A. (1987) "Privacy and American Journalism: An Economic Connection." *Journalism History*, Vol.14, No.1, p.23.

(6) Ibid.

(7) Warren, Samuel D. & Brandeis, Louis D. (1890) "The Right to Privacy." *Harvard Law Review*, Vol.4, No.1, p.196.

(8) Emery, Michael, Emery, Edwin & Roberts, Nancy L. (2000) op.cit., p.157.

(9) Christians, Clifford G. & Covert, Catherine L. (1980) *Teaching Ethics in Journalism Education.* Hastings-on-Hudson: The Hastings Center. p.1.

(10) Ferré, John P. (2009) "A Short History of Media Ethics in the United States." in Wilkins, Lee & Christians, Clifford G. (eds.) *The Handbook of Mass Media Ethics.* New York: Routledge. pp.19-20.

(11) この時期がジャーナリズムにとって如何に重要な時期であったかについては、別府三奈子（2006）『ジャーナリズムの起源』世界思想社　125〜149頁参照。

(12) Christians, Clifford G. (1977) "Fifty Years of Scholarship in Media Ethics." *Journal of Communication*, Vol.27, No.4, pp.20-21.

(13) Christians, Clifford G., Ferré, John P., & Fackler, P. Mark (1993). *Good News: Social Ethics & the Press.* New York: Oxford University Press. pp.32-33.

(14) Christians, Clifford G. (2000) "An Intellectual History of Media Ethics." in Pttyn, Bart (ed.) *Media Ethics: Opening Social Dialogue.* Leuven:Peeters. pp.21-23.

(15) White, Robert A. (1989) "Social and Political Factors in the Development of Communication Ethics." in Cooper, Thomas W., Christians, Clifford G., Plude, Frances Forde & White, Robert A. (eds.) *Communication Ethics and Global Change.* White Plains:Longman. p.46.

(16) Christians, Clifford G. (2000) op.cit., pp.21-24.

(17) 正式名称は、Commission on Freedom of the Press だが、ロバート・M・ハッチンスが委員長であったため、ハッチンス委員会ともいわれる。

(18) Commission on Freedom of the Press (1947) (reprint 1974) *A Free and Responsible Press: A General Report on Mass Communication: Newspapers, Radio, Motion Pictures, Magazines, and Books.* Chicago: University of Chicago Press.　訳書として日本新聞協会編集部（1949）『新聞の自由と責任』日本新聞協会、渡辺武達（2008）『自由で責任あるメディア』

論創社参照。

(19)　林香里（2001）「『プレスの社会的責任理論』再訪―『米国プレスの自由委員会』一般報告書提出から53年を経て―」『マス・コミュニケーション研究』第58号　113頁。

(20)　Christians, Clifford G., Ferré, John P. & Fackler, P. Mark (1993) op.cit., p.37.

(21)　Nordenstreng, Kaarle & Christians Clifford G. (2004) "Social Responsibility Worldwide." *Journal of Mass Media Ethics*, Vol.19, No.1, p.4.

(22)　ルースは、週刊ニュース雑誌『タイム』、週刊写真雑誌『ライフ』、月刊誌『フォーチュン』と『アーキテクチュアル・フォーラム』、ドキュメンタリー映画制作会社、ラジオ番組『マーチ・オブ・タイム』、当時は売却していたが大都市のラジオ局WQXRとラジオ・ネットワークABCに出資していた。Commission on Freedom of the Press (1947) (reprint 1974) op.cit., p.45.

(23)　Ferré, John P. (2009) op.cit., pp.21-22.

(24)　Commission on Freedom of the Press (1947) (reprint 1974) op.cit., pp.v-vi.

(25)　Ibid., pp.30-51.

(26)　Ibid., p.1.

(27)　Ibid., pp.20-29.

(28)　Ibid., pp.79-106.

(29)　大井眞二、谷藤悦史（1992）「近代の始まり―『プレスの自由論』再考に向けて」『新聞学評論』第40号　50頁。

(30)　Ferré, John P. (2009) op.cit., p.22.

(31)　『自由で責任あるプレス』の第五章「自主規制」の「専門職化」という節でも、ジャーナリズム教育に触れている。Commission on Freedom of the Press (1947) (reprint 1974) op.cit., pp.76-78.

(32)　Desmond, Robert W. (1947) "Of a Free and Responsible Press," *Journalism Quarterly,* No.24, pp.188-192.

(33)　Siebert, Fred S., Peterson, Theodore & Schramm, Wilbur (1956 = 1959) *Four Theories of the Press: The Authoritarian, Libertarian, Social Responsibility, and Soviet Communist Concepts of What the Press Should Be and Do.* Urbana: University of Illinois Press. (内川芳美『マス・コミの自由に関する四理論』東京創元社。)

(34)　Ferré, John P. (2009) op.cit., p.22.

(35)　Libertarianの訳を自由主義とした。他の章を含めて、普段はリバタリアンとカタカナで書いているが、『四理論』では、自由主義という訳が既に定着しているので、『四理論』の場合のみ自由主義という訳を用いる。

(36)　Siebert, Fred S., Peterson, Theodore & Schramm, Wilbur (1956 = 1959) op.cit., p.1. (前掲書　11頁。)

(37)　Ibid., pp.1- 2. (同書　12頁。)

(38)　Christians, Clifford G., Glasser, Theodore L., McQuail, Denis, Nordenstreng, Kaarle, &

White, Robert A. (2009) *Normative Theories of the Media: Journalism in Democratic Societies*. Urbana and Chicago; University of Illinois Press. p.4.

(39) Siebert, Fred S., Peterson, Theodore & Schramm, Wilbur (1956 = 1959) op.cit., p.5.（前掲書　18 頁。）

(40) Ibid., p.7.（同書　20 頁。）

(41) Merrill, John C. (1974) (reprint 1990) *The Imperative of Freedom: A Philosophy of Journalistic Autonomy*. New York: Freedom House. pp.84-86.

第2章

リバタリアン・ジャーナリズム

——ジョン・C・メリル

はじめに

　1930年代から1960年代にかけてのアメリカ・ジャーナリズム倫理学研究の低調期は、1970年代に入って、メリルの社会的責任論批判により、活気を取り戻す。ランベスやクリスチャンズといった、プレスの自由委員会の報告書 *A Free and Responsible Press* と、その内容を「社会的責任論」として理論化した『四理論』を評価する研究者達が、メリルの批判に答えるべく、社会的責任論に道徳哲学的な基盤を付与しようとしたのが切っ掛けであった。メリルの社会的責任論批判が、アメリカ・ジャーナリズム倫理学・規範理論研究の大きな発展に繋がったのである。しかし当時メリルが提唱した実存主義ジャーナリズムは、今現在さほど注目されることはない。

　本章ではこの事実を踏まえ、アメリカ・ジャーナリズム倫理学・規範理論研究におけるメリルの位置づけを再検討しよう、というものである。

1. メリルの社会的責任論批判

　1970年代に入る頃には、社会的責任論はジャーナリズムにとって重要な

理論となっていた。この主流となった理論を強く批判したのが、1974 年に刊行されたメリルの *The Imperative of Freedom: A Philosophy of Journalistic Autonomy* である。これは、アメリカのジャーナリズム倫理学研究がその低調期を抜け出た、1970 年代の代表的な文献とされている[1]。

　メリルはまず「社会的責任」という言葉の定義に疑問を投げかける。それは次のようなものである。

　社会的責任論の支持者は、社会的責任論がリバタリアニズムから発達したものと考えているのだから、リバタリアニズムを意味しないことは確かである。ということは「責任」というものに関してジャーナリストは、自分で決定したり自律的であったりすることを意味しない、ということになる。なぜならそれが個々のジャーナリストに許されるのであれば、リバタリアニズムと何も変わらないからである。社会的責任論は自由を強調する代わりに、社会への責任を強調する。この理論でいう責任が、自由意志による協力ではないならば、それは結局、当該社会を統治する政府によってメディアに課されるということが、必然的なものである。プレスの自由は、正確で有意義な文脈において事実を報道するための社会的責任によって制限される。このような考え方は、プレスの行為を監視し「相応に」プレスが機能し続けるための規制システムの唱道へと導く。政府の規制のいくつかの類型は、プレスが自らの責任を受け入れるために必要とされるかもしれない、ということを示唆するものである。この理論は心地良い響きと、多くの人が否定しがたい魅力を持つ。ジャーナリズムに関わるリバタリアニズムへの疑念と不満を含んだ、世界中に存在する傾向である。このような傾向に内在するものは、統治に関わる集団が社会的に責任あるものを定義し決定できるし、しなければならないという主張であり、ジャーナリストが、自由に社会的に責任あるものとは何かを決められない、ということもまた意味する。つまり、もしパワー・エリートが当該プレスは責任あるものではないと決定したら、憲法修正 1 条でさえジャーナリストの自由を守れない、ということである[2]。

　ある意味では、政府に監視されているプレスは、より責任あるものである。センセーショナルな報道は、プレス内で規制されうるからである。常に統治を支援し、公的政策を後押しするものとなりうる、異口同音の国家のための

プレスは、当該国家という社会に対して責任あるものである。責任あるものの定義は、政府等から画一的に定義され、実行されることにおいて機能的なのである。ある国家のプレスの社会的責任が、必然的に政府の統制を意味するものではない、というかもしれないが、その定義は相対的で漠然としたものである。つまり、社会的責任の理論が、いかなる国においても何某かの意義を持ちうる唯一の方法は、当該政府のパワー・エリートが、プレスの社会的責任という類型の定義者と強制者であることである[3]。

　社会的責任という言葉を定義づけるのが、国家の側であり、国家の社会政治的哲学が当該国家のプレス・システムを決定すると想定するならば、プレス・システムはすべて社会的責任があるもの、ということになる。例えば、所謂「共産主義」のプレス・システムは、自らを社会的に責任あるものと考えるし、明らかに自身の社会システムに責任を持っている。マルクス理論において、社会的責任と共産党や政府への支援は、ほぼ同義であるから、多元的で自律的に活動している資本主義のプレスは、共産主義にとっては想像できる限りで、最も無責任なプレス・システムである。同じことは、所謂「権威主義」のプレス・システムでもいえる。権威主義のプレス理論では、ジャーナリストが国家の指導者や指導者の統治に対する責務の下にある、ということになる。国家の権威、国家の安定等が支援され、保護されなければならない。それがプレスの社会的責任である。自律的で多元的な批判的プレスは、国家の政策を蝕み国家の調和を混乱させる傾向があり、権威主義国家においては、呪われたものでありうる。こうした文脈においては、批判的プレスは極めて無責任なものと考えられる。このように責任と無責任の定義は、ある特定の国家社会に応じて相対的なばかりでなく、個々の国家社会においてさえ、その用語はその時点での状況次第で多くの意味をもつのである[4]。

　社会的責任という言葉を批判した後に、メリルは『四理論』の内容に触れながら、理論としての社会的責任論に次のような批判を加えていく。

　『四理論』では、「政府は、介入する必要が大きく、かつ、それによってもっとすぐれた結果が得られるようなばあいにのみ介入するべきであり、したがって、慎重に介入すべきである[5]」としている。つまりこの理論は、政府が強圧的であるべきではない、としているのだが、それでは、政府が介入す

るための必要度の十分さや、えられた結果の十分さに関して疑問が生じる。政府によるどれほどの介入が「強圧的」であるのに十分なのか[6]。

　また、「人間の良心にたいする義務が、社会的責任理論のもとにおける表現自由の権利の基本的な基礎をなしているのである[7]」としている。これは、必要度が高ければ政府は介入すべき、ということとどういう関係になっているのだろうか。人の良心に対する義務というものは、極めて相対的であるから、ある良心的なジャーナリストがすべきでないと感じたことを、他のジャーナリストがすべき義務であると感じた場合、どちらかのジャーナリストは社会に対して無責任なのだろうか[8]。

　さらにプレスの自由委員会は、「プレスの行動というものは、無統制になんでも勝手にやらせておいてもかまわないとすることには疑問の余地がある、と考えている。市民には情報にたいする道徳的権利があるのであって、かつ、情報にたいする緊急の必要に迫られているのである[9]」としている。アメリカのプレスが、市民にそのような権利を与えていないというのである。疑問なのは、いかなる情報に対する、あるいは誰の情報に対する道徳的権利なのだろうか。社会的責任論の支持者は、リバタリアニズムの自律的な情報システムを十分なものと考えていない。しかしそれは、いかなる証拠もない、リバタリアニズムがもはや有用ではなくなり、社会的責任によって取って代わられるべきである、ということを信じる人々のまさに「感覚」や「意見」である。確かに、プレスが受け手に伝える情報には、ギャップが存在する。社会の誰もが全ての場合に、自分が好む種類と量の情報をえるわけではない。しかし大概の人が、常にそうしたギャップが存在するであろうことを知っている。異なる記者が観察した情報を伝えれば、様々な見解が存在するだろう。異なる編集の決定作成者が、リバタリアニズムのプレス・システムから他の何かへ変えたところで、このような情報のギャップはなくならないだろう[10]。

　リバタリアニズムの社会では、全てのメディアから受け手に達する情報の全てが、信頼性があり、誠実で、完全で、公正で、社会的に責任あるものであるということは、間違いなく主張されはしない。そんなものがどれほどあるのか誰も知らない。既存の社会的責任の定義は存在しないから、我々のメディアが従おうと努めるべき標準は現実には存在しない。全てのプレス・シ

ステムは、当該社会のために責任あるものと自称しうるが、当該社会に様々な意見や思想を注入する自律的なメディアの思想は、リバタリアニズムのシステムのみが正当に主張できるものである。リバタリアニズム、すなわちプレスの自律は、無責任と考えられる程他の理論から逸脱した、いくつかの報道機関の正当性、少なくとも存在する可能性、を受け入れなければならない。無責任なジャーナリズムという言葉や概念がアメリカから姿を消した時、あるいは姿を消す間近にまで来た時、その時はジャーナリズムの自由や自律が死滅する時である[(11)]。

2. メリルのジャーナリズム倫理学

メリルは、ジャーナリズムにおける倫理学を次のようなものと位置づける。

倫理学は、自身のジャーナリズムにおいて行うべき正しいことを、ジャーナリストが決定する手助けをする哲学の一分野である。倫理学は、まさに自発的行為のための規範科学であり、必然的に「自己規制」や「自己強制」を扱う。

もちろん、倫理学は法と関わるけれども、異なる本質を持つものである。法は、ある一定の時期の社会における倫理学的価値から生ずる場合が極めて多く、しばしば倫理学を反映したものである。しかし法は、社会的に決定され社会的に強制されるものである。一方倫理は、個人的に決定し個人的に強制されるか、あるいはされるべきものである。倫理学は、ジャーナリストが行為の正誤、善悪、責任無責任等を判断することができる確かな基本的原理や標準を、ジャーナリストに供給すべきものである。法は、何が合法的であるかを問題とするが、合法的であっても、倫理的ではない多くの行為が存在する。何が倫理的かを論じることの方が、常に困難である。倫理学的論争を解決するために参照する「倫理規範の一覧表」は存在しない。倫理学に、すなわち自身の行為の質に、関心を持つジャーナリストは、有徳であることを望む者である。どのような人が有徳であるか、ということは「道徳的あるいは倫理的な」人とはどういう人か、という疑問に戻る。しかしながら、徳の

本質は、もし我々が歴史的に偉大な思想家にいくらかでも敬意を持っていれば、実際にはそれほど相対的でもないし漠然としてもいない。たとえ徳が、少なからぬ意味論的雑音を含む用語で概念化されたとしても、一般的に哲学者の中の意味づけには少なからぬ共通性が存在する[12]。

　メリルは、倫理学をジャーナリストが正しい自発的行為を行うための規範科学、と位置づけるのである。そして倫理学に則って行為するジャーナリストを有徳なジャーナリストとするのであるが、その有徳なジャーナリストの規範とは次のようなものである、としている。

　有徳な行為を決定するための一般的な倫理学的標準には、主に目的論的理論と義務論的理論という二つのものがある。目的論的理論は行為の結果をみる。つまり、結果を検討し行為の道徳的正誤を決定するものとして、結果のみを考えるのである[13]。この理論には二つの問題点がある。第1に、実際には多数派のためであるかどうかで善を決定するという問題と、第2に、多数派の意見や行為と善を同等と考えることによって提起される問題である。例えば、記事にするかどうかの決定において、ジャーナリストはどの行為が最大多数の人々の最大善を生ずるかを知る正しい方法を持たないので、ジャーナリストはそれが最大善になる、という推測や期待ができるだけである。また「多数決の道徳性」であるため、個人の担った責任や個人の理性を放棄して、「人々が欲したものを人々に与える」という類の倫理学的立場へジャーナリストを導くことになる。

　義務論的理論はその行為が道徳的に正当であるかどうかを、結果以外の何か他のものが決定すると把握する点で、まさに目的論的理論とは極めて異なる[14]。義務論の最良の例はイマニュエル・カントである。カントは、我々の行為の指針のために採用すべき、具体的な倫理学的規則を決定するための必然的原理として、「君の意志の格律が、いつでも同時に普遍的立法の原理として妥当するように行為せよ[15]」という「定言的命法」を提示した。要するに人が同じ状況にあれば、誰もが応用すべきものを自分の規則にするよう気をつけるならば、倫理的に行為している、とするのである。義務論にとって重要なものは、行為がなされてきた原理である。格律を適用するためのテストは、結果から独立したものでなければならない。定言的命法は、ジャ

ーナリストが行為するすべての格律をテストすることを、当該ジャーナリストに許すであろう原理や一般的規則である。定言的命法は、特定の事例で応用される特定の規則について、考える指針となるよう奉仕する。もしジャーナリストが定言的命法を受け入れるならば、当該ジャーナリストは、自身が従うための特定の規則や指針を思い続ける必要はない。当該ジャーナリストが様々な場合に、定言的命法のテストを通過するならば、それに基づいた行為は倫理学的に健全であり、当該ジャーナリストは有徳であると考えられるのである[(16)]。

　つまりメリルのいう有徳なジャーナリストに相応しい倫理学理論とは、目的論的な功利主義倫理学ではなく、カントの義務倫理学と考えるのである。

3. 実存主義ジャーナリズム

　メリルは、有徳なジャーナリストが目指すべきジャーナリズムとして、実存主義ジャーナリズムを唱道する。それは次のようなものである。

　もし我々が、カントに例証されるような、倫理学の絶対的な理論を投げ出すならば、その場合、道徳性の議論は好みや勝手な選択といった、分別の類とはかけ離れた議論にしかならない。「これは正当なジャーナリズムの決定である」という見解は、まさにある人が、ただ「私はこの決定が好きだ」ということを意味するに過ぎない。倫理学が相対主義の形をとれば、文脈Aの中では、あるジャーナリストの行為が極めて善であり倫理的である一方で、同じ行為が文脈Bの中で行われると、悪か非倫理的かもしれないということである。換言すれば、状況が倫理学を支配することになり、文脈が正誤を決定するということである。相対主義は、その個人主義的な雰囲気のために興味をそそるけれども、拒否しなければならない。相対主義は全く倫理学的な立場ではない。むしろ相対主義は「非倫理学」または「反倫理学」である。倫理学の問題が客観主義、すなわち状況や文脈へと希釈される時、その問題は倫理学としてのすべての意味を失うのである。それではジャーナリストの倫理学は、「個人的なもの」であるべきなのだろうか。それとも「集団的に

是認」された社会的な道徳性や規範である綱領、信条、標準、その他集団的に決定された協定等によるべきなのだろうか。要するに、ジャーナリストは自分自身の倫理綱領を決定すべきなのだろうか、それとも集団の価値を受け入れるべきなのだろうか。今日ジャーナリズムの世界のあちこちで、オンブズマン、プレス評議会、プレス・コートのような、新しい機関が生まれている。このような機関や調停者は、個人的自律的倫理学から、社会的に圧力をかけられ強制される倫理学へと移行する傾向をもつものである[17]。

　相対主義が実用的な効率性、個人主義、個人の自律等と同一視されるアメリカのプレスにおいて、カント倫理学は、絶対的形式主義的理論であるがゆえに、あまり好意的にはみられない。しかしカント倫理学は、極めて一貫して自由を伴うものである。事実、自由はカント倫理学にとって絶対的な要求である。倫理学的命法は、自由に選択するものであって、他から強制されるものではない。カント主義者は、自分自身の道徳的指針を自由に選ぶという意味で明らかにリバタリアンである[18]。

　ジャーナリストにとって、自律は最高の価値であり、自己以外の決定に従う者は自身を裏切り、自らの本質や本来性を喪失する。ゆえに自由はジャーナリズムの中心をなす問題である。これは基本的に実存主義的立場でもある[19]。

　実存主義の至高の徳は、誠実さである。人は自分で自分の行為を決定する選択ができなければ、誠実さを保つことはできない。実存主義者は選択という行為を構成するものを、人の最も本質的なものと考える。選択は自由の結果であり、換言すれば、選択は自由な雰囲気においてのみ実際の意味を持つ。人が自分の生活をしている時、生活の価値はその人がその生活の中に注いだものによって判断される。価値は人の個人的自由の投影である。実存主義者にとって、自由は人の本質を構成するものとほぼ同義であり、人の最も基本的な欲求は、独立のための自由な選択である。実存主義者は自由の拠り所を責任と考える。人は自分自身のために、あるいはその人の行為や行為の結果に責任を持つ。他の誰も、その人のことのために責任は取れない。各自は自由に行為しなければならないし、その行為の責任を受け入れなければならない[20]。

つまりジャーナリズムにおいて、自由の重要性を強調するのであれば、実存主義ジャーナリズムを唱道するということは極めて妥当、とメリルは考えるのである[(21)]。

4. カール・ノルデンシュテレンクとの論争

　メリルの所論は、多くのジャーナリズム倫理学研究者との論争を呼ぶことになる。その中でも代表的なものとして、「新世界情報・コミュニケーション秩序」を切っ掛けとする、ノルデンシュテレンクとの論争をみてみることにする。

　社会的責任論の浸透は、1980年代にはいるとジャーナリストにグローバルな指針を示そうという動きと組み合わさって、社会的責任論の再評価へとつながっていった。世界のジャーナリストが共有できる、グローバルな指針を作り出そうとする中で、社会的責任論に備わっている普遍性が注目され出すのである。プレスの自由委員会の五つの要請のうちの「日々の出来事の意味がわかるような文脈において、そのような出来事の誠実で、包括的で、理性的な説明をすること」は、どの社会でも共通して必要とする、真実を述べるということの要請であり、「社会を構成する諸集団の代表的な実像を映し出すこと」は、全ての人間が尊厳を与えられているという、原理を反映したものであるから、社会的責任論のワールドワイドな理解は、ジャーナリストを国際的な理解や平和にコミットさせる、という見解がある[(22)]。この考え方が示すように、社会的責任論をアメリカに特有なものと考えず、たまたまアメリカで生まれただけで、世界に共通するグローバルなものとする把握の仕方があり、その考え方の中心人物が、ジャーナリズムの倫理綱領研究の第一人者である、フィンランドのノルデンシュテレンクである。そして、その主張を後押ししたのが、所謂新世界情報・コミュニケーション秩序の一連の動きであった。

　国連の経済社会理事会の中に設けられた情報・新聞自由小委員会は、1950年に、ジャーナリストの国際的な倫理綱領の問題を取り上げ、その草

案を作成した。この国際的な倫理綱領の草案は、その前文で「新聞およびその他の報道機関に従事するものが、真実を探求し事実を報道又は批判することについての責任感を、各自の自発的行動を通じて、不断に維持、促進することによって最もよく保障され得る[23]」ための職務遂行上の基準としている。この案は結局、案のままで終わる。その理由は、その主旨が第三世界の国々にとっては、国際的なニュースの流通の改善と受け取られたが、リバタリアニズム的な言論・表現の自由を支持する国にとっては、自由を抑制しうる、何らかの義務を課すものと受け取られたためのようである。マス・メディアやジャーナリズムのあり方に関する議論は、その後もユネスコ（国連教育文化機関）で活発に行われた。しかもその流れは、国際理解への貢献や偏見の排除といったものをより強調するようになっていく。象徴的なものが、1978年にユネスコで採択された、所謂「マス・メディア宣言」の6条にみられる。そこには「公正で永続的な平和ための制度と、発展途上国の経済的、政治的独立に資する情報の流れの、新しい均衡とより大きな互恵主義を確立するために、発展途上国への、または発展途上国からの、さらには発展途上国間の、情報の流れの不均衡を是正することが必要である。この目的のために、発展途上国のマス・メディアが、力を得て発展するようにし、そして発展途上国間でも先進国のマス・メディアとも協力し合えるようにする、状態と資源を有するべきであることが肝要である[24]」としている。ここには、リバタリアニズム的な言論、表現、報道の自由の保障が、国際的な情報流通の自由や民主的な国際コミュニケーションの促進を必ずしも意味しない、との考え方が垣間みえる。こうした考え方が、新世界情報・コミュニケーション秩序という考え方や、マクブライド委員会の報告書[25]等へと繋がっていくのである。このような流れの中で、ジャーナリズムの倫理を国際的に比較分析しようとする動きが生じてきた。そうしたジャーナリズム倫理の国際比較研究の代表的なものが、*Communication Ethics and Global Change* とされている[26]。*Communication Ethics and Global Change* は、13ヵ国のコミュニケーション倫理に関する論文を掲載し、コミュニケーション倫理に関する各国の相違を理解することにより、その共通の目的を追求しようというものである[27]。この中で注目されるのが、ノルデンシュテレンクとメリルとの論争である。

グローバルなジャーナリストの倫理綱領を制定することの賛否に関する、まさにディベートのような両者の論文が掲載されているのである。

　ノルデンシュトレンクは、Professionalism in Transition: Journalistic Ethics[28] と題して、新世界情報・コミュニケーション秩序の考え方に則った、ジャーナリズム倫理学のあり方を次のように主張する。

　新世界情報・コミュニケーション秩序の考え方からすると、ジャーナリズムは、社会的な責任を担った専門職である。このような責任を担う理由は、一方では客観的現実という真実の像を獲得する人民の権利から、もう一方では人道主義の普遍的価値から生ずる。真実へのコミットメントは、真実の本質に関する諸伝統間の明白な相違は存在するけれども、原理的にはリバタリアン・ジャーナリズムの主流と同様に把握される。しかし国際的なコミュニティによって確立されたような普遍的な価値へのコミットメントは、典型的な西洋的伝統からの意義ある逸脱と、社会主義国や発展途上国で一般的に理解された専門職の概念へ向けた動きを意味する。このようなジャーナリズムの倫理学は、真実の追求より他にいかなる社会政治的義務からも自由であり続ける、という情熱を伴うリバタリアニズムの伝統による典型的な把握を超越する二つの意義深い段階を含む。第1には、ジャーナリストが普遍的に認識された多くの理想を支援し、対応する悪と戦うよう促すことである。これは同様にすべての市民に当てはまる、一般的な社会的コミットメントである。しかしながらそれ以上に、件の普遍的な価値は、真実へのコミットメントやその他の専門職特有の慣行と同様、ジャーナリズムという専門職の極めて重大な構成要素として理解されることによって、特別な専門職的コミットメントに含まれる。それゆえ第2には、一般的な真実ばかりでなく、同様に人道主義的な普遍的価値をもまた追求することが、すべてのジャーナリストの専門職としての役割になる。換言すれば、ジャーナリストという専門職の定義は、様々な社会政治的な利害や価値から独立的かつ中立的に事実や意見を伝達する仕事である、というリバタリアニズムの概念を大きく飛び越えるものである。人は、平和と戦争、デモクラシーと専制政治、国家の解放と植民地主義等の諸概念が、戦略的な利害にしたがった実質的にいかなる解釈にもなる、単なるスローガンではない、ということを理解できる。これらの

諸概念のほとんどは、国際法下では特定の意味を持つ。戦争宣伝というような場合には、ジャーナリズムへの広い応用が存在し、それは本質的に普遍的な価値や原理を巡り、解釈や政治的争いの余地はある。しかし人間の本質や行為と同等の価値を持つ、何らかの概念をも伴う。普遍的価値の妥当性に関する懐疑主義とは、関わる争点への典型的な無視に基づいているのである。結局、ジャーナリストはまさしく国際法や国際秩序の基盤を構成する、諸価値に率直にコミットするようになるのである。例えば、もし平和へのコミットメントが、政治的に急進的な立場として了解されるならば、平和に貢献する価値が政治的急進主義を表すことを証明するよりもむしろ、平和の普遍的な価値の無視をあらわにするものである。このようにジャーナリズムにおける新しい専門職倫理は、情報の分野の中に、いかなる特定の「政治化」をももたらすものではない。そうした新しい専門職倫理は、平和、デモクラシー等の価値を守る安全装置を供給するだけである。ジャーナリズムが高度に政治的な分野であり、あり続けるということは、いうまでもないことである。専門職倫理のいかなる選択も直接的にも間接的にも、政治的立場を表すものである。問題となるのはどれが政治的でどれが非政治的かではない。問題なのは唱道された政治的方向づけがいかなるものか、ということである。この点でこの新しい専門職倫理は、想像されうる限りの不偏不党の基盤を持つ。すなわち国際コミュニティの普遍的価値という基盤である。

　ノルデンシュテレンクは、社会的責任論でいわれる社会的責任の内容を、国際コミュニティの普遍的価値と捉えている。ジャーナリストが国際コミュニティの普遍的価値を共有することは可能であり、それを基準にして行為することが、ジャーナリストの社会的責任なのである。そしてジャーナリストの行為規範となる普遍的価値を学ぶものが、ジャーナリズム倫理学なのである。ゆえにノルデンシュテレンクは、ジャーナリストの行為規範を明文化した国際的な綱領も、制定可能であり、制定すべきと考えるのである。

　これに対してメリルは、Global Commonalities for Journalistic Ethics: Idle Dream or Realistic Goal?[29]と題して、次のように反論する。

　新世界情報・コミュニケーション秩序の考え方は、西洋のジャーナリストの観点からすると、ほとんどはジャーナリズムの範囲を超え、ジャーナリス

トを国家の政策や政治的イデオロギーの領域に関与させるようだ。例えば、西洋のジャーナリストは、アパルトヘイト、専制体制、植民地主義、病気、栄養不良等の除去にいかなる大きなコミットメントも持つべきである、とは感じない。西洋のジャーナリストは、個人的にはそのようなことに反対かもしれないが、そういうことはジャーナリズムの問題ではない。異国民や異文化との原理に基づくコミュニケーションは、とても難しく、たぶん倫理的に行うことは不可能である。我々が、異国民、異文化が関わるジャーナリズム倫理学を考察する時、送り手の社会的政治的システムにごく密接に結びついた価値を扱わなければならないが、加えて受け手の国家の文化的政治的文脈に結びついた価値を扱わなければならない。その時ジャーナリストは、自分自身の倫理的原理に従うのか、それとも自身の原理とは相容れないかもしれない受け手の側の原理に従うのか。この疑問は、国境を越えて倫理的に行為しようとするジャーナリストに直面する、基本的な問題である。もし政治的イデオロギーを押しつけるような、政治中心の綱領が問題の解決になるとするならば、それは疑わしい。我々が、国際コミュニケーションにおける倫理学を話す時、まさに我々の関心は、国家間あるいは国家内でなされているコミュニケーション行為の正誤である。このような関心は、我々を相違する価値システムと国家の伝統に直接関与させる。個人と同様に国家や文化は、普通それ自体の価値の傾向と極めて密接に結びつけられ、いかなる他の価値も倫理的なものと考えるのを困難にする。このことはいかなる意義深いものにおいても、価値システムの相対性の認識なしに、倫理学の考察は不可能であることを意味する。そのような認識に立てば、国際的な倫理学も相対的で、ジャーナリストの倫理的な行為に関する、実質的ないかなる合意も決して存在はしないだろう。つまり国際的倫理綱領は不合理で不可能である。普遍的であるいくつかの広い原理が存在する、という認識はあるが、このような原理は道徳意識を持つジャーナリストが、追求する必要はある。しかしながら、そうした原理は、他者を規定する倫理綱領を、うまく列挙し提示することに手を貸すような類いの原理ではない。むしろ、グローバルなジャーナリストの行為に役立つと感じて、受け入れたジャーナリストによってのみ使用されるための、倫理的行為の根本的な原理である。そうした原理が成文化される

ことや、ジャーナリストのいかなる専門職機関によって持たれることも、絶対的に試みられるべきではない。ジャーナリズムにおいて、個人的な価値システムと調和する一定の倫理的格律は、公式化すべきではあるが、それは国際コミュニケーション改善に向けた長い道のりを行くことである。たぶん国際的なジャーナリストの行為は、実際には決して自身の価値システムを超えることはできない。全てのジャーナリストは、ある程度「伝道師」である。ジャーナリストが他国のジャーナリストとコミュニケーションしている、あるいはコミュニケーションしようとしている、というまさにその事実は、一種の伝道師的精神を示している。換言すれば、ジャーナリストは、異文化の文脈や価値システムの中に異なる思想や情報を注入しているのである。このようなことをすることは、ある種の伝道を意味する。個人としてあるいは国民として我々が、ある種の利己的で自民族中心主義的な動機なしにコミュニケーションすることはめったにない。我々がそんなことを意図しない時でさえ、我々はある種の思想、原理、価値、関心領域、技術等を推奨しているのである。ある国民が、他の国民を「コミュニケーション帝国主義者」と呼ぶことは驚くことではないし、そのような呼称を使用するというまさにその事実の中には、そう非難した国民自身が、典型的な「コミュニケーション帝国主義者」である、ということである。

　ここまでの主張の内容に関して、メリルは、ジャーナリストの共通の基盤として奉仕する普遍的な倫理学的基準や、原理が実際に存在しない、とする点、そしてジャーナリズム倫理学は自民族中心主義的であり、ジャーナリストが倫理的であろうとすることと、自民族中心主義的な政治的社会的システムを結びつけてしまう点等は、以前の自分の主張に反さないのか疑問に思う人がいるかもしれない、とする。その上で、実際に世界規模の倫理学的共通基盤が、存在するとまさにいってきたし、道徳性に関するいくつかの国際原理を支持さえしたが、その一方で、倫理綱領としてそういう原理を成文化しようとしたり、イデオロギー的な陣営の宣伝的な面にそうした原理を授けようとするいかなる試みにも反対してきた、とする。また、ある一定の政治的社会的価値システムを至る所に広げるという試みに、ジャーナリズム倫理学の国際綱領を使用しようとすることは、生産的ではないと考える、とする。

要するに、国際ジャーナリズムの文脈で倫理学について考えることは、健全な企てであるが、倫理学の国際綱領の成文化を試みることは、非現実的で不毛な努力である。個人的国家的な価値システムの最重要性を忘れることなく、グローバルな道徳性という天蓋を形成しようとする、倫理学原理をジャーナリズムに関係づけた議論は、世界的な視野を持ったジャーナリストの増加に、明らかに役立つ。しかしある種の「ワン・ワールドイズム」へ誘う規範的倫理綱領は、世界コミュニティにおいて、基本的で重要な政治的社会的相違に対して、破壊的であるばかりでなく、個々のジャーナリストが、個人的に持つ価値の終焉をもまた引き起こすかもしれない。アメリカには、ほとんどのジャーナリストによって合意された、ジャーナリズムの一定の共通する倫理学原理がいくつかあるにもかかわらず、特定の倫理綱領が、アメリカのジャーナリストに何らかの意義ある指針を提供することには、惨めに失敗してきた。倫理綱領が議論の的となるどの事例においても、多くのジャーナリストは、成文化した倫理綱領の信条や規制を受け入れはしなかった。その主な理由は、アメリカのような国のジャーナリズムが、理論的にも現実的にも多元的であるということである。ジャーナリズムの対象や方法は多様なのである。もし倫理綱領やその他の国家的ニュース評議会のような専門職を方向づける指示的な強制力が、アメリカのような国で有意義でなく、うまくいかないならば、ジャーナリズム倫理の国際綱領を、どうして誰かが真剣に提案するだろうか。そんな綱領は政治的宣伝文書であるか、一般的な格言や抽象的な格律の寄せ集めであって、そういうものは意義や有効性を失うほど実質や限定性を欠くのである。ある人が、様々な編集哲学やニュースの定義に沿って、世界中のプレスの所有や経営の異なるシステムを検討する時、国際倫理綱領の概念は、空想の範囲を帯び始めるのである。ジャーナリストの倫理学は、その人自身の背景と価値システムから生じ、その人の国家の政治的社会的システムに結びつけられる。そのような認識は、国際倫理綱領という思想にほとんど支持を与えない。このことは、一定の基本的な個人的伝統的価値を普遍化して、世界的なものを企てるべきではないといっているのではない。もしある一定のコミュニケーションの最優先概念が、自身の国のジャーナリズムにとって重要であるのならば、そのような概念を自身の国以外で扱う時に、

自身にとって重要でなくなる理由があるだろうか。国際ジャーナリストは、共感的なばかりでなく、他の国の人々の見地や必要を実際に理解しようという欲求をも持つ。国際ジャーナリストは、現実の実質的な争点と重要な思想を扱うことを欲する。国際ジャーナリストは、誠実で、率直で、正直で、明確でありたいと欲する。国際ジャーナリストは、決して個人や政治システムに対して論争を向けるのではなく、受け手を尊重し、自身の文化から生じる自身の倫理的基準に貢献するが、そうあることが重要であれば柔軟であろうとする。以上が、忘れるべきでない基本的な態度である。こうした態度は文化と国家の架け橋となり、国際的な道徳性にいくつかの共通性を与えうる、倫理学的原理や格律を生む手助けとなる。

　以上のようにメリルは、何が倫理的な行為かの判断は、あくまで個々のジャーナリストに任せられるべきなのであって、明文化された倫理綱領の必要性を認めようとはしない。それどころか、価値の多様性を理由に、明文化された倫理綱領を制定しようとすること自体を「無駄」と、切り捨ててしまうのである。

おわりに

　ノルデンシュテレンクの他にも、メリルの社会的責任論批判を受けて、ランベスは、プレスの自由委員会の報告書 *A Free and Responsible Press* を高く評価する立場から、*Committed Journalism: An Ethic for the Profession*[30] を著して、ジャーナリズム倫理学の確立に大きな役割を演じた。*Good News: Social Ethics & the Press*[31] を初めとするコミュニタリアン・ジャーナリズムの理論を確立し、アメリカ・ジャーナリズム倫理学史の中でも高い評価を受けるクリスチャンズも、その研究はメリルの批判に対抗するべく、社会的責任論に道徳哲学的な基盤を付与しようとすることが発端であった。また、メリルとノルデンシュテレンクの論争は、ジャーナリストの国際的な倫理規範構築への動きを刺激することとなるのである。

　社会的責任論は、ジャーナリズム倫理学・規範理論の研究史において、今

でも重要な理論であるが、登場した時期は、アメリカのジャーナリズム倫理学研究の低調期とされていることからもわかるように、必ずしも倫理学的な理論とはいえない。その点を倫理学研究の視点から批判したのが、メリルであった。

メリルは、ジャーナリズム倫理学研究の興隆、すなわちジャーナリストの専門職倫理を確立する気運をもたらした功労者として、評価されるべき研究者である。換言すれば、あくまでも、ジャーナリズム倫理学・規範理論の研究史上の位置づけはそこまでにとどまる。世界的なレベルでジャーナリズム規範理論の基盤となった社会的責任論に対して、倫理学的・哲学的不備を批判し、ジャーナリストに必要な倫理観として、実存主義ジャーナリズムを提唱したことは、アメリカ・ジャーナリズム倫理学研究の低調期を脱する大きな切っ掛けであったし、それはイコール、世界のジャーナリズム倫理学研究の暗黒時代脱出の切っ掛けになった、といっても過言ではない。しかし、今現在メリルの実存主義ジャーナリズムは、評価されていないし、顧みられることもほとんどない。あまりにもリバタリアニズムを前面に押し出すメリル倫理学は、自由の国アメリカでさえ、受け入れがたいものだったようである。しかし、現在社会的責任論が、ジャーナリズムの規範理論の基盤であり続けられるのは、メリルの批判に対し、社会的責任論を肯定する立場から、倫理学的・哲学的根拠を示して対抗しようとした、ランベスとクリスチャンズの存在が極めて大きい。つまり、メリルの実存主義ジャーナリズムという理論は、その考え方そのものをどう評価するかは別として、ジャーナリズム倫理学・規範理論研究が大きな発展を遂げるのに必要な起爆剤だったのである。

＊本章は、「科学研究費助成事業（学術研究助成基金助成金）：極化現象の分析と『ポスト・トゥルース』時代の倫理学的視座の探求（研究種目：基盤研究（C）一般　研究課題番号：18K00049：2018年4月1日〜2021年3月31日）」による研究成果の一部である。

(1) Lambeth, Edmund B. (1988) "Marsh, Mesa, and Mountain: Evolution of the Contemporary Study of Ethics of Journalism and Mass Communication in North America." *Journal of Mass Media Ethics*, Vol.3, No.2, pp.20-25.

(2) Merrill, John C. (1974) (reprint 1990) *The Imperative of Freedom: A Philosophy of Journalistic Autonomy*. New York: Freedom House. p.86-87.

(3) Ibid., pp.87-88.

(4) Ibid., pp.88-89.

(5) Siebert, Fred S., Peterson, Theodore & Schramm, Wilbur (1956 = 1959) *Four Theories of the Press: The Authoritarian, Libertarian, Social Responsibility, and Soviet Communist Concepts of What the Press Should Be and Do*. Urbana: University of Illinois Press. p.95.（内村芳美訳『マス・コミの自由に関する四理論』東京創元社　176頁。）

(6) Merrill, John C. (1974) (reprint 1990) op. cit., p.90.

(7) Siebert, Fred S., Peterson, Theodore & Schramm, Wilbur (1956 = 1959) op. cit., p.97.（前掲書　179頁。）

(8) Merrill, John C. (1974) (reprint 1990) op. cit., p.90.

(9) Siebert, Fred S., Peterson, Theodore & Schramm, Wilbur (1956 = 1959) op. cit., p.101.（前掲書　188頁。）

(10) Merrill, John C. (1974) (reprint 1990) op. cit., p.90.

(11) Ibid., p.91.

(12) Ibid., pp.160-161.

(13) Ibid., p.163.

(14) Ibid., p.164.

(15) Kant, Immanuel. (1788＝1979) Kritik der praktischen Vernunft, in: Ernst Cassirer (Hrsg.) *Immanuel Kants Werke*, Bd.5. Berlin: 1922, S.35.（波多野精一・宮本和吉・篠田英雄訳『カント　実践理性批判』岩波書店　72頁。）

(16) Merrill, John C. (1974) (reprint 1990) op. cit., pp.164-166.

(17) Ibid., pp.168-170.

(18) Ibid., p.179.

(19) Ibid., p.203.

(20) Ibid., pp.188-189.

(21) Ibid., p.203.

(22) Nordenstreng, Kaarle & Christians Clifford G. (2004) "Social Responsibility Worldwide." *Journal of Mass Media Ethics*, Vol.19, No.1, p.25.

(23) 訳は第七次新聞法制研究会（1981）『国際的な情報交流の自由に関する研究会報告書　国際的情報交流の自由に関する研究』日本新聞協会研究所　83頁。

(24) 「平和及び国際理解の強化、人権の促進並びに人種差別主義、アパルトヘイト及び戦争の扇動への対抗に関するマスメディアの貢献についての基本的原則に関する宣言（マス・メディア宣言）」http://portal.unesco.org/en/ev.php-URL_ID=13176&URL_

DO=DO_PRINTPAGE&URL_SECTION=201.html（文科省ホームページ）2016年5月21日アクセス。

(25)　The International Commission for the Study of Communication Problems (1980 = 1980) *Many Voices, One world.* Paris: UNESCO.（永井道雄監訳『多くの声、一つの世界』日本放送出版協会。）

(26)　Christians, Clifford G. (1991) "Communication Ethics" *Communication Research Trends*, Vol.11, No.4, p.2.

(27)　Cooper, Thomas W., Christians, Clifford G., Plude, Frances Forde & White, Robert A. (eds.) (1989) *Communication Ethics and Global Change.* White Plains: Longman.

(28)　Nordenstreng, Kaarle "Professionalism in Transition: Journalistic Ethics." Ibid., pp.277-283.

(29)　Merrill, John C. "Global Commonalities for Journalistic Ethics: Idle Dream or Realistic Goal?." Ibid., pp.284-290.

(30)　Lambeth, Edmund B. (1986) *Committed Journalism: An Ethic for the Profession.* Bloomington: Indiana University Press.

(31)　Christians, Clifford G., Ferré, John P. & Fackler, P. Mark (1993) *Good News: Social Ethics & the Press.* New York: Oxford University Press.

第3章

リベラル・ジャーナリズム

──エドマンド・B・ランベス

はじめに

　アメリカ・ジャーナリズム倫理学研究は、1930 年代から 1960 年代にかけて、低調期であったとされる一方で、社会的責任論がジャーナリズムの規範理論の主流となった時期でもあった。1970 年代の代表的な文献とされるメリルの *The Imperative of Freedom: A Philosophy of Journalistic Autonomy* は、その社会的責任論に対して、概念の曖昧さをリバタリアニズムの立場から強く批判するものであった。この批判とそれに対する反論を切っ掛けに、アメリカのジャーナリズム倫理学研究は低調期を抜け出すのである。

　1980 年代は、ジャーナリズム倫理学研究が成長産業に転じた時代といわれる。この時代を代表する文献が、1986 年に刊行されたランベスの *Committed Journalism: An Ethic for the Profession* である。ランベスは社会的責任論を高く評価する立場からこの文献を著して、ジャーナリズム倫理学の確立に大きな役割を演じた。ランベスはジャーナリストの社会的責任という概念を、ジャーナリストが憲法修正 1 条の表現の自由の権利の行使を社会の成員から委託された「スティワード（Steward）」である、と位置づけることによって説明した。憲法で表現の自由が保障されていても、マス・メディアを通じて、世の中に伝えられた情報でなければ、ほとんどの人は認知すること

ができない。認知されていなければ、どのような意見であろうと、存在しないのと同様である。ランベスは、全ての社会の成員が表現の自由の権利を平等に行使するためには、ジャーナリストが全成員のスティワードとして権利を行使する必要がある、と考えたのである。

　ランベスは、社会的責任論をより明確化し、より具体的なジャーナリストの規範を構築しようとした。つまりメリルの社会的責任論批判に対する反論となっていたのである。この反論の中心となった概念が、スティワードシップという概念である。本章では、アメリカ・ジャーナリズム倫理学研究の発展に大きく貢献したランベスのスティワードシップ概念に注目し、その思想的な構造を解明しようとするものである。

1. *Committed Journalism: An Ethic for the Profession* の概要

　ランベスは、1980年代のジャーナリズムの状況を、受け手がニュース・メディアを影響力の大きいもので、権力的なものとさえ考えているにも関わらず、その報道に対する不信の蓄積と、ジャーナリストの倫理観に対する懐疑によって、危機的なものと捉えている。そしてそのような状況を的確に捉え、問題点を指摘する研究は存在するのだが、そのような研究がジャーナリズムの状況の改善には繋がっていない、と考える。なぜならば、ジャーナリズムの倫理学的な研究がほとんどなされていないので、ジャーナリズムの目的や実務には繋がっていないからである。

　ランベスは、ジャーナリズムの倫理を考察した代表的な研究としてプレスの自由委員会の報告書 *A Free and Responsible Press* をあげ、この報告書が1947年に刊行されて以来、ジャーナリズム倫理学の支配的な思想である社会的責任論の「主な源泉[(1)]」となった、としてる。

　この社会的責任論に対して、リバタリアンの立場から批判したのがメリルであった。メリルは、社会的責任の「理論」がいかなる国においても何某かの意義を持ちうる唯一の方法は、当該政府のパワー・エリートがプレスの社会的責任という類型の定義者と強制者であることである、と批判した[(2)]。ラ

ンベスはメリルのような批判を踏まえた上で、社会的責任論を「20世紀の
メディアに関する最も重要な声明」と高く評価する。その一方で、ジャーナ
リズムのための応用倫理学として足りない点もあることを認め、次のように
指摘した。

- ・倫理的判断において、失敗しないようにジャーナリストが顧慮すべき
　持続性のある原理とは何か。
- ・対等のものとして存在する、どれもが最も重要である原理が、衝突す
　る時には、どれに従うのか。もしどれも支配的でなければ、その時は
　何になるのか。
- ・誰や何に対してジャーナリストは基本的な忠誠を負うのか——自分自
　身か、受け手か、雇用主か、同僚か。
- ・特にジャーナリストが政府に対するウォッチ・ドッグとして奉仕しよ
　うとする時、手段と目的というような古典的な疑問にジャーナリスト
　はどうしたら最良のアプローチができるのか。[(3)]

　ランベスは、このような点に対する指針の欠如が、*A Free and Responsible
Press* の弱点、と考えた。ランベスは、*A Free and Responsible Press* を功利主義
の匂いが強いものと捉える。例えば、コモン・キャリアと同様であるべきと
位置づけられたプレスが不適切な活動をする場合は、受け手を保護するた
めに政府の介入をも許容する。そこで功利主義に則って、不適切な活動にな
らないように最大多数の最大幸福を考えて活動する、ということになる。し
かし功利主義は実務の指針にするには、あまりにも多様な捉え方ができすぎ
る、とランベスは考える。最大多数の最大幸福を理由に、最大多数が「知り
たいこと」や最大多数が「みたいもの」を提供する理由の正当化ができてし
まうからである。要するに最大多数の最大幸福を誰が判断するのか明確に決
定できない限り、メディア企業の営利主義的な判断の正当化に使われてしま
う可能性がある、ということである。
　そうならないためにランベスは、古典的な倫理学理論に一通り考察を加え
た上で、五原理を提示する。ランベスが明確に述べているわけではないが、

この五原理は、*A Free and Responsible Press* の欠陥を補おうというものであり、メリルの社会的責任論批判への反論でもある。

　ランベスの五原理は、ジャーナリズムの倫理学をジャーナリストの指針として、より実用的にするための「システム」構築の試みである。ランベスが考える倫理システムとは、一般的な倫理綱領のような単なる決まり文句や硬直化した「することとすべきでないこと」の寄せ集めではなく、原理同士が衝突するような場合に生ずる、深刻な問題を解決するような手段を供給するものでなければならない、というものである。理想的には類似した状況においては、異なるジャーナリストによって応用されても同様の決定を生むものである。必然的な不変の結果ではないにしても、継続性と安定性を提供するものである。もちろんジャーナリストも一人の人間であるから、ジャーナリストの倫理システムといえども、特有な倫理的立場や道徳的世界に位置することを要求するべきではない。しかしロック主義的社会契約の伝統において、統治の受託者は、他の自由の中でもプレスの自由を尊重することを強いられてきた。同様に、後述するようなスティワードとしてのジャーナリストも、デモクラシーにおいて想定されるべき責任を明確にする必要がある、とランベスは考えた。その責任が、「真実」を述べること、「正義」にかなった行為をすること、独立と「自由」を尊重し守ること、「思い遣り[(4)]」のある行為をすること、ジャーナリズムと社会の自由を守る源となるもの、特に憲法修正1条の善き「スティワード」であること、という五原理である。

　五原理となっているが、ジャーナリストの行為規範としての真実、正義、自由、思い遣りという四つと、ジャーナリストの役割を定義するスティワードシップとの五つからなっている。つまり、スティワードという役割を定義した上で、その役割を果たすための行為規範としてあとの四つの原理があげられている、という構成になっていると考えていいだろう。換言するならば、ランベスの五原理とは、ジャーナリストがスティワードとしての役割を果たすためのシステムである。

　Committed Journalism: An Ethic for the Profession は五原理について述べた後に、ジャーナリストが倫理システムに従って行動するように、自身の道徳性を高めることと、それが受け手たる個々人やコミュニティにどのように奉仕する

のかを述べていく。以上が概要である。

2. スティワードシップ

　ランベスは、ジャーナリズム倫理の五原理の中の一つにスティワードシップをあげ、ジャーナリストの役割を規定している。ランベスのいうスティワードシップとは、社会的責任論でいうところの社会的責任とほぼ同義である。スティワードシップの説明の部分でも、プレスの自由委員会の五つの要請を次のようにやや変えて引用している。

 1. 日々の出来事の意味がわかるような文脈において、日々の出来事に関する誠実で包括的で理性的な説明。
 2. 解説と批判の交換の場。
 3. 社会を構成する諸集団の意見、態度、状態に関する報道。
 4. 社会の諸目的と諸価値を提示し明らかにすることによる、活発な編集者の指導。
 5. 日々の情報への十分なアクセス。[5]

　メリルの批判は、社会的責任が理論として、いかなる国においても何某かの意義を持ちうる唯一の方法は、当該政府のパワー・エリートが、プレスの社会的責任という類型の定義者と強制者であることである、ということであった。つまり、ジャーナリズムの責任なるものが、社会に対するものであるのならば、その社会のあり方を規定できる者以外にジャーナリズムの責任を規定できる者もいない。よってその社会あるいは国家のパワーエリート以外に、ジャーナリズムの果たすべき役割を規定できる者はいない、という批判である。それゆえメリルにいわせれば、社会的責任論は言論の自由に関して極めて危険な理論であったのである。
　ランベスのスティワードシップは、メリルの批判に対する反論になっている。社会的責任とは、パワー・エリートが勝手に規定できる概念ではなく、

憲法を根拠としている。ジャーナリストを、アメリカ憲法修正1条の権利を行使するための、社会の成員のスティワードと位置づけたのである。ジャーナリストの社会的責任を、言論の自由という権利を委託された受託者の任務、すなわちスティワードシップとしたのである。

　スティワードとは、『新約聖書[6]』の「コリントの信徒への手紙1　第4章1、2」の「こういうわけですから、人は私たちをキリストに仕える者、神の秘義の管理者と考えるべきです。この場合、管理者に求められるのは、忠実であることです」や「ペトロの手紙1　第4章10」の「あなたがたは、それぞれ賜物を授かっているのですから、神のさまざまな恵みの善い管理者として、その賜物を用いて互いに仕えなさい」の中の「管理者」である。キリスト教の信徒が神に授かった賜物をもって奉仕する善き管理者であるように、ジャーナリストは憲法に授かった修正1条の言論の自由の権利をもって奉仕する善き管理者であるべき、と位置づけるのである。

　ランベスはメリルの批判に対して、ジャーナリストの社会的責任は、憲法修正1条に規定された言論の自由の権利をゆだねられた管理者として、全ての社会の成員のために奉仕する責任である、と定義したのである。

3. ランベスの思想的基盤：
　　アメリカ新聞編集者協会（ASNE）原則声明[7]

　ランベスは、五原理について述べる前に、アメリカの代表的なジャーナリズムの倫理綱領の一つである、ASNE 原則声明の「前文」の「いかなる法による縮小からも表現の自由を擁護する、憲法修正1条は、プレスを通じて、人民に憲法上の権利を保障し、それゆえ特別な責任を報道人に課す」を引用し、自らの提示する倫理システムとは、この中の「特別な責任」の定義をジャーナリストに提供するもの、としている。ASNE 原則声明が、五原理全体の土台となっていることを明確にしているのである[8]。

　ランベスは、五原理の一番初めのものとして、真実をあげる。その真実とは何か、を述べるのに ASNE 原則声明の4条「真実と正確さ」の「読者の信頼は善きジャーナリズムの基盤である。ニュースの内容が偏向なく文脈的

に正確であり、全ての観点を公正に伝えられることが、確実であるためにあらゆる努力がなされなければならない」をあげる。そしてこの条文でいう真実とは、事実に基づく正確さである、としている。具体的には、情報の正確さを確認しようとする習慣であって、この習慣には、誤りの可能性を予期する技術の獲得も含まれる、とする。さらに ASNE 原則声明の1条「責任」の「ニュースと意見を取材し、報道する第一の目的は、人民にその時々の争点に関する判断をするための情報を伝え、それを可能にするという、一般の福祉に奉仕することである」をあげ、ジャーナリストの仕事は、事実に基づく正確さだけで満足されるものではなく、事実の背後にある、より大きな真実を追究する必要を指摘する。そこで、そのためには隠れた真実を明らかにするためにも、計量的な分析等を含む科学的な種々の技術の獲得が必要になる、とする[(9)]。

　五原理の「正義」に関してランベスは、日々の実務の中で正義の原理が反映されるのは、ジャーナリストの公正さとの関わりにおいてである、とする。そしてワシントン・ポストの「ジミーの世界[(10)]」の例をあげ、この事件では、同紙が行った調査の結論として、賞を取ることに重きを置いたことが適切な判断を曇らせ、若い人材を頻りに急き立て、ジャーナリストへの絶対的な信頼を裏切ることとなった等の点があげられた。このことは、公正を達成するためには、単にいくつかの規則に記者が注意を払っていればいい、ということ以上のものを要求し、社内の気風や記者の管理の仕方が、高い倫理規準に資する風潮を作り出す主な役割を演ずるということを示唆するようだ、としている。一方ジャーナリストが正義に関心を持たなければならない、もう一つの同様の根本的な感覚が存在する。それは、アメリカ憲法の修正1条の下の実務者として、実際に正義を確立し一般の福祉を促進するための憲法前文の約束が充たされているかどうか、を追求することである。以上の両方を具体的に反映しているのが、ASNE 原則声明1条「責任」の後段の「アメリカのプレスは、情報を伝え、討論の場として奉仕するためばかりでなく、政府の全てのレベルでの公権力の行使を含む、社会の諸勢力に独立した精査をするためにも自由なのである」としている[(11)]。

　五原理の「自由」に関しては、ASNE 原則声明2条「プレスの自由」の

「プレスの自由は人民に属する。これは、公私を問わず、どのような方向からの侵害または攻撃からも守らねばならない」をあげる。これにはペンタゴン・ペーパーズの事例あげて、文字通りたとえ政府からの介入であっても自由を貫くべき、とする。ただしその自由という意味には、自律や独立という意味もある、とする。そのために ASNE 原則声明3条「独立」の「ジャーナリストは利害衝突やそのような衝突にみえること、同様に、不適当なことや不適当なことにみえることを避けなければならない。ジャーナリストは自らの誠実さに妥協したり妥協しているかのようにみえる何らかのものを受け取ったり、何らかのことをしたりすべきではない」をあげる。ジャーナリストが、有益な情報を求めすぎるあまりに、情報源に近づきすぎて、その情報源に対する批判的立場を見失ってしまったり、その情報源と癒着しているのではないかと疑われたりする、ということを避けるべきということである[12]。

4. ランベスの思想的基盤：ジョン・ロールズ

五原理の思想的基盤で、ASNE 原則声明と並んで二本柱を形成しているのが、ロールズの『正義論』である。

「正義」に関しては、ロールズが「すべての人びとは正義に基づいた〈不可侵なるもの〉を所持しており、社会全体の福祉〔の実現という口実〕を持ち出したとしても、これを蹂躙することはできない。こうした理由でもって、一部の人が自由を喪失したとしても残りの人びとどうしでより大きな利益を分かち合えるならばその事態を正当とすることを、正義は認めない。少数の人びとに犠牲を強いることよりも多数の人びとがより多くの量の利便性を享受できるほうを重視すること、これも正義が許容するところではない[13]」と断言していることを、まず重要視する。これを前提としてランベスは、ジャーナリストの行うべきウォッチドッグ、すなわち正義のための監視の役割の倫理を、ASNE 原則声明以上に確固たる理論的基盤として、ロールズが公式化している、とする。それは、ロールズのいう「主要な社会制度が基本的な権利と義務を分配し、社会的協働が生み出した相対的利益の分割を決定す

る方式[(14)]」で、これにジャーナリストは注目するべきである、というのである[(15)]。

「思い遣り」に関しては、ロールズの「自然本性的な義務」に従うべきである、とする。つまりジャーナリストは、「[1] 自分に過度の危険もしくは損失をもたらさずにそうできる場合には、困っているあるいは危険にさらされている他者を支援すべきだとする義務、[2] 他者に危害を加えたり傷つけたりしてはならないという義務、[3] 不必要な苦しみを生じさせてはならないという義務[(16)]」に従うべきで、これに則って他の人に援助を与えたり、害が及ぶのを避けたりするべきである、とする。つまりジャーナリストは、専門職業人ではあるが、人間として特別なわけではない。したがって、ジャーナリスト特有の他者への接し方があるのではなく、あくまでも一般人同様の義務がある、とランベスは考えるのである[(17)]。

5. ランベスの思想的基盤：ジェローム・A・バロン

Committed Journalism: An Ethic for the Profession が刊行される 10 年以上前に、ランベスと同じように、憲法修正 1 条の権利を市民が行使するには何らかの支援が必要である、という考え方が存在した。バロンの「マス・メディア・アクセス権」論である。

　　思想の自由な交易は存在していない。大衆社会における思想は、テレビ、ラジオおよびプレスというマス・コミュニケーション・メディアで伝達されている。それらに出るのを認められると、評判と公衆の反響が保証される。出るのを認められないと、世に知られず、明らかに欲求不満がもたらされる。
　　われわれは、論争と議論を妨げるものは、州が評判の悪い論争や刺激的な議論に加えることがあるような刑罰だけである、と考えている。しかしながら、表現の自由に関するわれわれの法は、表現の自由の機会を保障するためにはほとんど何も行なってこなかった。

思想に関する伝統的なリベラルの立場は、本質的にはダーウィン主義
　　である。思想は死闘の生活を送り、最適な思想が生き残る。この闘争に
　　おいて、絶えざる脅威は政府であることが分かった。私的権力が、勝者
　　を前もって決定するほど思想の闘争をコントロールするかもしれないと
　　は考えられもしなかった。しかし、私的検閲は、最悪の政府の検閲官と
　　同様に徹底的かつ峻厳に思想を抑圧するのにますます役立つようになっ
　　てきている。(18)

　バロンは、表現の自由が平等に保障されているのならば、自ら表現したい
内容を伝達する機会も平等に保障されるべき、と考えた。マス・メディアを
通じて伝えられた情報以外、社会の成員のほとんどは知る術を持たないので
あるから、情報の送り手としてマス・メディアにアクセスできないのであれ
ば、自身の表現したい内容は伝達できないのと同様であり、自由に表現でき
ないのと同じことである。つまり憲法修正1条が意見を述べる自由を平等
に保障しているのならば、各自の意見を伝達するために、マス・メディアに
送り手としてアクセスする機会も平等に保障されるはずである、という考え
方である。これがバロンのマス・メディア・アクセス権論である。
　ランベスは、スティワードシップを述べる際にバロンには言及していない
が、考え方は同じといってしまっていいだろう。マス・メディアを通じて社
会の各成員が自身の意見を表明するのを、憲法的な権利として保障すると考
えるか、ジャーナリストの倫理観によって達成しようとするかの違いである。
平等に表現の自由の権利を保障するためには、社会の各成員に何らかの支援
をして、マス・メディアを通じて各自の意見を伝達する機会を設ける必要が
ある、ということである。

6. ランベスの思想的基盤：アラスデア・マッキンタイア

　ランベスは、『美徳なき時代(19)』に代表されるマッキンタイアの研究が、
ジャーナリズム倫理学のために重要である、と考える。その理由として、第

1にマッキンタイアは、ジャーナリズムにおける卓越性の基準の設定方法において、社会学と道徳哲学を融合させるという独自の見地を供給する。第2にマッキンタイアの思想は、ジャーナリストの実際の行動の改善に具体的な関わりをもつ。第3に過去の重要性に関するマッキンタイア独自の強調は、ジャーナリストがより豊かでより有効な文脈で先人の経験を学ぶことを可能にする、という3点をあげる。要するに、マッキンタイアの所論を自らのジャーナリズム倫理学の思想的な裏づけとしているのである[20]。

　ランベスが、ジャーナリズム倫理学の基盤にしようとしたマッキンタイアの考え方は、次のようなものである。

　「実践」という言葉は、「首尾一貫した複雑な形態の、社会的に確立された協力的な人間活動」と定義される。実践を「とおしてその活動形態に内的な諸善が実現されるが、それは、その活動形態にふさわしい、またその活動を部分的に規定している、卓越性の基準を達成しようと努めるからなのである。その結果、卓越性を達成する人間の諸力と、関連する諸目的と諸善についての人間の考えは、体系的に拡張される[21]」。ここでいう「内的な善」とは、ある特定の種類の実践によらなければ決してえられないもので、「それらの達成がその実践に参加する共同体の全体にとっての善であるという点である」というものである。これに対して「外的な善」とは、ある特定の種類の実践によらなければえられないというものでは決してなく、「それが達成されたときには常にある個人の財産、所有物になることである。さらに、その特徴的なあり方は、誰かがそれをより多く持てば、それだけ他の人々の持ち分が少なくなることである。この事態は、権力とか名声といった場合には必然的に成り立ち、金銭のような場合には偶然的事情から成り立つ。したがって、外的な善の特徴は、競争の対象となることであり、そこには勝者もいれば必ず敗者もいるのである[22]」というものである。

　つまり、ジャーナリズムという実践において、スティワードシップという内的善を達成するためには、「これまで達成された最善の基準に私たちが自らを従属させなければ達成されえない[23]」が、「ある実践に入ることは、同時代の実践者たちとの関係にとどまらず、私たちに先行してその実践に従事した人々、特にその業績によって当の実践の範囲を現在の地点にまで拡張し

た人々との関係に入ることである。そうすると、実践において私が直面し、そこから学ばねばならないもの[24]」が、真実、正義、自由、思い遣りという四つの徳である。しかし「制度によって維持されなければ、どんな実践も何らかの期間存続することはできない」が、「制度はその特徴として必ず」外的な善と関わり合う。「実際、実践と制度の関係はきわめて密接であり、その結果、当の実践にとって内的な善と外的な善の関係も密接になるので、制度と実践はその特徴として単一の因果序列を形成する。そしてその序列においては、実践のもつ理想と創造性は、制度のもつ獲得志向（acquisitiveness）から常に脅かされ、実践のもつ共通善への協力的気づかい（cooperative care）は、制度のもつ競争的志向（competitiveness）から絶えず脅かされているのだ。この脈絡にあって諸徳のもつ本質的機能は明らかである。諸徳がなければ」「実践は、制度のもつ腐敗的な力に抵抗できない[25]」のである。

　ジャーナリズムという実践は、メディア企業という制度なくして存続しえないが、メディア企業は営利追求等の外的善と関わりやすく、そのため個々のジャーナリストはランベスの原理のような諸徳を必要とするのである。

　さらにランベスは、ジャーナリストがどのような報道をすべきなのか、つまりスティワードシップとはどのようなことをするものなのか、についてもマッキンタイアの「物語」という概念を手掛かりに説明している[26]。

　マッキンタイアは、「人間はその行為と実践において、虚構においてと同様、本質的に物語を語る動物」とし、「人間は、本質的に真理に就こうとする物語の語り手であるのではなく、自分の歴史をとおしてそうした語り手になっていくのである。しかし、人々にとって鍵となる問いは、彼らが自分で創作したかどうかではない。『私は何を行うべきか』との問いに答えられるのは、『どんな（諸）物語の中で私は自分の役を見つけるのか』という先立つ問いに答えを出せる場合だけである。私たちが人間の社会に仲間入りするということは、一つか複数の負わされた役回り——私たちが選り抜かれて与えられた役割のこと——をもってなのであり、その役回りが何であるかを学んで初めて、どのように他の人々は私たちに応答するか、そしてその人たちに対する私たちの応答はどのように説明されるのが適切か、を理解できるのだ[27]」としている。これを踏まえてランベスは、「人間は自分が自身を語り、

他者からの話を聞き、そうした経験とそれに伴う反省に基づいて『書き直す』物語という手段によって自分の生活の道徳的命法を理解する[28]」ものとする。ジャーナリストの報道は、個々人のアイデンティティと組み合わされて、道徳的な感覚を含む世界観を構成する、とするのである。それゆえ「子どもたちからそのような物語を奪ってしまえば、彼らは言葉においてだけでなく行為においても、どうしていいか分からない不安げな吃りにされてしまうだろう。だから、私たち自身の社会も含めてある社会を私たちが理解する仕方としては、その社会の初期のドラマの材料となっている蓄積された様々な物語によるしかないのである[29]」のであり、ジャーナリストは現代社会における道徳的意味づけの共著者、とランベスは考えるのである。

　またマッキンタイアが「自殺を試みたり実行したりする人々がときに言うように、誰かが自分の人生は無意味だと不平を言うとしたら、その人の不平は、自分の人生の物語が理解不可能になってしまい、それが何の意義ももたず、頂点あるいはテロスに向かう運動を欠いているという点にあることがしばしばであり、おそらくそれが特徴であろう[30]」といっているのを、ランベスは、ジャーナリストの報道が自己と他者の理解、すなわち自分自身や他者との置かれた立場、関係する人々、その行為、行為の結果、その意志を明らかにすること等に必要であることの裏づけ、としている。このような物語の自己性をマッキンタイアは「その概念とは、物語のもつ統一性のうちにその統一性が存在するような自己の概念であり、その物語は、誕生―生―死を〈物語の始め―中間―終わり〉として連結させる[31]」と定義する。よって、ある人の「行動が適切に性格づけられるのは、言挙げされた長期および最長期の意図が何であり、短期の意図がどのように長期の意図に関係づけられているかを知る場合だけであ」り、「私たちは、一つの物語的な歴史（a narrative history）を書くことに巻き込まれている[32]」のである。そのため物語の自己性には説明責任が伴う。なぜならば「私はたんに申し開きのできる者というだけではなく、常に他者にも申し開きを求めうる者、他者にその問いをかける者でもあるという点である。彼らが私の物語の一部を占めているように、私は彼らの物語の一部を占めている。ある一つの人生の物語は、それと連動する物語群の一部となっている。さらに、こうして申し開きを求め

たり与えたりすること自体が、物語を作り上げるうえで重要な役割を演じている。あなたが何をなぜしたかを尋ねること、私が何をなぜしたかを述べること、そして私がしたことについてのあなたの説明と私の説明との違いを思案すること（また、あなたがしたことについても同じように）、これらは、きわめて単純で含みのないもの以外はすべての物語にとって本質的な構成要素である[33]」からである。

　以上のような個人のアイデンティティにとって重要な物語を、各自が語り合えるようにする支援をするのが、ジャーナリストなのである。ゆえに、そのなすべき任務はスティワードに擬えることができるのである。

おわりに

　メリルは、社会的責任論の不明確さを批判した。それに対して、プレスの自由委員会の *A Free and Responsible Press* を高く評価するランベスは、スティワードシップという概念によって、その不明確さを説明しようとした。

　ランベスは *Committed Journalism: An Ethic for the Profession* において五原理を示し、ジャーナリズムの倫理学をジャーナリストの指針として、より実用的にするためのシステム構築を試みた。五原理となっているが、ジャーナリストの行為規範としての真実、正義、自由、思い遣りという四つと、ジャーナリストの役割を定義するスティワードシップとの五つからなっている。つまり、スティワードという役割を定義した上で、その役割を果たすための行為規範としてあとの四つの原理があげられている、という構成になっていた。ランベスは社会的責任を、ジャーナリストを憲法修正１条の受託者と考えるスティワードシップで説明したのである。

　ランベスの考え方の土台となっているものは四つであった。その中のASNE 原則声明、ロールズ、バロンという三つの思想的基盤は、クリスチャンズが述べているように、古典的なリベラリズムに則ったものである[34]。しかしこれだけでは、なぜジャーナリストが社会的責任を担うべきなのかの説明には不十分である。まして、個人主義を前面に出しているリバタリアン

のメリルに反論するためには、その個人主義を批判する必要もあった。そこで用いられたのがマッキンタイアである。

　なぜマッキンタイアの徳の基準が必要になるかというと、スティワードシップを含めた五原理の根柢にあるのは古典的なリベラリズムである。するとジャーナリストをスティワードにいい換えてみたところで、自由に活動すべきという点は変わらず、そのスティワードに社会的責任を付与するということは、メリルの批判に答えたことにならない。そこでなぜスティワードに社会的責任を付与するべきか、を説明するためにマッキンタイアの所論が必要になるのである。

　ランベスはジャーナリストの役割、すなわちスティワードシップとは、物語を語ることと考えた。ジャーナリストが語る物語とは、社会の各成員の関係や位置づけを明確にするためのものである。そのためにジャーナリストは、社会の諸状況を見定めて、それを社会の各成員が理解できるような物語にして語る必要がある。その時に必要なのが、徳としてのランベスの四つの原理ということである。以上をマッキンタイアの『美徳なき時代』を中心にして説明しているのである。

　今日、メリルの社会的責任論批判に対する反論としては、クリスチャンズ等の *Good News: Social Ethics and the Press.* によって提唱された、コミュニタリアニズムの立場からのジャーナリズム論が、最も高い評価を受けていることは間違いない。ランベスは、社会的責任の説明にマッキンタイアの理論を応用したという意味では、むしろコミュニタリアニズム的視点の先駆けといえる。しかしみてきたように、ランベスの考え方の根本は、古典的なリベラリズムである。それゆえ五原理と徳の基準という二つの規範が必要になってしまったのである。

　その上、ランベスのスティワードシップは、ジャーナリストの社会的責任を、憲法修正1条に規定された言論の自由の権利を委ねられた管理者として、全ての社会の成員のために奉仕する責任である、と定義した。つまりは憲法の規定が変われば、責任の内容も変わってしまうわけで、当該体制のパワーエリートが社会的責任を規定することになる、というメリルの批判に対して、必ずしも反論し切れてはいない。

そのことが、アメリカ・ジャーナリズム倫理学研究の確立期の代表的文献の執筆者でありながら、今日さほど触れられることがない一因であろう。しかし、ランベスが使ったコミュニタリアニズムの部分を、ジャーナリズムの倫理学にまで昇華したのが *Good News: Social Ethics and the Press.* であったと考えれば、ランベスのアメリカ・ジャーナリズム倫理学研究に果たした功績は、決して小さいものではなかったことになる。

　ランベスのスティワードシップ概念は、ジャーナリズムの倫理学が成長産業となっていく出発点だった、といえるのではないだろうか。なぜなら、プレスの自由委員会の段階での社会的責任論は、倫理学理論とはいえない。メリルの社会的責任理論批判は、ジャーナリズムの規範理論研究の起爆剤の役目は果たしたかもしれないが、明確なジャーナリストの規範を示すには至っていない。そうであれば、スティワードシップという具体的なジャーナリストの規範を示したランベスの研究は、最初の本格的なジャーナリズムの規範理論研究ということができるはずである。

* 本章は、一般財団法人櫻田會第 35 回政治研究助成金による研究成果の一部である。

---

(1)　Lambeth, Edmund B. (1992) *Committed Journalism: An Ethic for the Profession, 2nd ed.* Bloomington: Indiana University Press. p.6.

(2)　Merrill, John C. (1974) (reprint 1990) *The Imperative of Freedom: A Philosophy of Journalistic Autonomy.* New York: Freedom House. pp.86-88.

(3)　Lambeth, Edmund B. (1992) op.cit., pp.7-8.

(4)　原文は、humane という単語を使っている。「人道的」という訳も考えられるが、クリスチャンズは『論語』の英訳で「仁」の訳語として使っている。そこで他者に対する思い遣りの意味が強い単語であると判断した。

(5)　Lambeth, Edmund B. (1992) op.cit., p.32.

(6)　訳は聖書協会共同訳。

(7)　正式名称は、American Society of Newspaper Editors。1933 年に結成されたアメリカで最も長い歴史をもつ全米レベルの編集者組織である。結成された年にも、倫理綱領を採択しているが、1975 年に改正されてこの原則声明が採択された。2009 年に

略称は同じままで、American Society of News Editors と改称している。

(8) Lambeth, Edmund B. (1992) op.cit., p.24.

(9) Ibid., pp.25-26.

(10) 1980年9月28日、ワシントン・ポストのジャネット・クックは、「ジミーの世界」と題する署名記事を掲載した。内容は8歳のヘロイン常習者ジミーについて書いたもので、大きな反響を呼んだ。1981年この記事でピュリツァー賞を受賞するが、後にこの記事が虚偽であることが判明し、ピュリツァー賞を辞退することとなった。

(11) Lambeth, Edmund B. (1992) op.cit., pp.27-28.

(12) Ibid., pp.29-30.

(13) Rawls, John (1971 = 2010) *A Theory of Justice.* Cambridge: Harvard University Press. pp.3-4.（川本隆史・福間聡・神島裕子訳『正義論』紀伊國屋書店　6頁。）

(14) Ibid., p.7.（同書　11頁。）

(15) Lambeth, Edmund B. (1992) op.cit., pp.28-29.

(16) Rawls, John (1971 = 2010) op.cit., p.114.（前掲書　153〜154頁。）

(17) Lambeth, Edmund B. (1992) op.cit., pp.30-32.

(18) Barron, Jerome A. (1973 = 1978) *Freedom of The Press for Whom? The Right of Access Mass Media.* Bloomington: Indiana University Press. p.321.（清水英夫・堀部政男・奥田剣志郎・島﨑文彰『アクセス権　誰のための言論の自由か』日本評論社　376頁。）

(19) Macintyre, Alasdaire (1984 = 1993) *After Virtue: A Study in Moral Theory, 2nd ed.* Notre Dame: University of Notre Dame Press.（篠﨑榮訳『美徳なき時代』みすず書房。）

(20) Lambeth, Edmund B. (1992) op.cit., pp.72-82.

(21) Macintyre, Alasdaire (1984 = 1993) op.cit., p.187.（前掲書　230頁。）

(22) Ibid., pp.190-191.（同書　234頁。）

(23) Ibid., p.191.（同書　234頁。）

(24) Ibid., p.194.（同書　238頁。）

(25) Ibid.（同書　238〜239頁。）

(26) Lambeth, Edmund B. (1992) op.cit., pp.83-93.

(27) Macintyre, Alasdaire (1984 = 1993) op.cit., p.216.（同書　264〜265頁。）

(28) Lambeth, Edmund B. (1992) op.cit., p.87.

(29) Macintyre, Alasdaire (1984 = 1993) op.cit., p.216.（前掲書　265頁。）

(30) Ibid., p.217.（同書　266頁〜267頁。）

(31) Ibid., p.205.（同書　251頁〜252頁。）

(32) Ibid., p.208.（同書　254頁。）

(33) Ibid, p218.（同書　267頁。）

(34) Christians, Clifford G. (1991) "Communication Ethics." *Communication Research Trends*, Vol.11, No.4, p.14.

第4章

コミュニタリアン・ジャーナリズム
――クリフォード・G・クリスチャンズ

はじめに

　アメリカ・ジャーナリズム倫理学研究が、1980年代に成長産業に転じた
とされたのを象徴するのが、1985年の世界初の専門誌 *Journal of Mass Media
Ethics* の創刊である。その権威と歴史のある学術雑誌において、唯一個人の
特集を組まれた研究者がクリスチャンズである[1]。

　クリスチャンズが目指したものは、コミュニティにおける「相互関係
(Mutuality)」を基盤としたコミュニタリアニズムに基づく、ジャーナリズ
ムの規範倫理学確立であった。クリスチャンズはジャーナリズムとは、コ
ミュニティの成員の「トランスフォーメーション（Transformation 変容)」を
担うもの、と考える。なぜならばコミュニティの成員は、相互関係を踏まえ
てコミュニティが如何にあるべきかを考え、熟議する必要があり、それこそ
がデモクラシーと考えるからである。つまりそうした熟議にコミュニティの
成員が参加できるようにトランスフォームしないと、デモクラシーは存立し
えない、と考えるのである。

　以上のようなクリスチャンズのトランスフォーマティブ・ジャーナリズム
の思想的構造を解明していくのが、本章の目的である。

1. クリスチャンズの問題意識

クリスチャンズは 1977 年に書いた論文の中で[2]、自らの問題意識を次の
ように述べている。

マス・メディアは、信じられないほど権力を持った「テクノストラクチャ
ー（Techno-structure）」となった。しかしその他の主な現代の制度とともに、
不信という伝染病に感染しつつ、しっかりした理論を欠いたまま「1970 年
代の旋風」に直面することとなった。その結果、状況主義が促進され、正誤
がはっきりしなくなり、より一層ご都合主義に迎合するようになった。倫理
学を弁えた者であれば、結果が行為を正当化することはないが、今日の報道
はそうしたやり方になっている。全体的な傾向として合法性を優先している。
明らかに道徳的なものを法的なものよりも低くしようとする者はいないが、
強制力を持つ倫理学的原理を欠き、事実上我々は自身を拘束する法律を容認
している。全ての理論は一様に法律的な要求と倫理学的な責務を区別するが、
ジャーナリズムの実務ではその区別が実質的に消失してしまった。疑いなく
法学的研究は非常に重要であるが、実質的に相容れないものまで法学的な研
究にしてしまうことは、信じられない歪みをも生み出すのである。プレスの
自由とは歴史的、哲学的、文化的、社会的、倫理的、政治的諸側面をもまた
持っている。例えば、プレスの自由を憲法の問題だけにしてしまうことは、
法律的な解決へと我々の目をそらす。そうすると、我々はジャーナリストの
特権を生じさせる知る権利や情報の自由に関する諸法を、一貫して奨励して
しまう。一度法律的な問題とみなしてしまうと、プレスの自由等は法学的に
扱われるのが必然のようになるが、然るべき答えは他の学問領域にも存在し
うるのである。法学のような日々の状況を説明するものと、長期的な努力の
典型的なものを置き換えることはできない。実務的な問題は熟考を必要とし
ないわけではない。最近の倫理に関する大切なことの一つは、我々はディシ
プリンとしての、すなわち行為の規範科学としての倫理学を改めて強調する
必要がある、ということである。柔軟性を欠く規定を避けつつ、意義深い倫
理学的指針を公式化することは可能である。ジャーナリズム倫理学の教育に

携わる者の課題は、何を行うことが正しいのか、何が適切な道徳規範なのかを、ジャーナリストが決定する確かな手助けをすることである。マス・メディアに関する長期的な研究は、即役立つ実務的な知恵も、絶対安全な倫理学理論も生み出しはしないかもしれないが、倫理学的問題を克服しようとする試みは、不適切なものとして簡単に片づけられうるものではないのである。

　結果だけに注目し、倫理学的に正しい行為とは何か、というようなことに頓着しない風潮を、クリスチャンズは 1970 年代の旋風と呼んだ。ジャーナリズムは 1970 年代にその影響力を増大させた。しかし 1970 年代の旋風に直面したジャーナリスト達は、結果として法を犯しさえしなければよしとし、倫理規範など顧みようとしなくなっている。クリスチャンズはそう考え、大きな危機感を持ったのである。

2. 啓蒙主義（Enlightenment）批判

　クリスチャンズは啓蒙主義を次のようなものと捉えている。

　18 世紀以来の啓蒙主義思想を理解するのには、「個人」と「自律」という二つの言葉を必要とする。人間はいかなる権威からも独立して君臨し、個人はそれ自体が目的であると考えられた。自律は人間性の核であり、生活の中心をなす理想となった。自己決定は最高善となった[3]。

　アイザック・ニュートンは、世界を無生物的な機械が数学的法則を構成し画一的で自然科学的な根拠を構築するようなもの、として描いた。全ての現象を各々の細部にわたる秩序の結果、として説明した。数的なもの以外のいかなるものも詭弁や神秘、とみなした。ルネ・デカルトは、いかなる主観的なものとも区別する客観的中立的思想を前提とした。純粋な知識は、状況により最小限手を加えられるに過ぎない純粋に数学的な、単線的様式において構築される。デカルトは「私」が存在する絶対的な証明を追求した。デカルトの関心は現実から幻影を区別することであった。「我思う。ゆえに我有り」とは、たとえ「私」が何ごとをも疑っているとしても、それゆえに「私」が思考しているということは疑う余地がない、ということである。ジ

ョン・ロックは、人間の認識の様式と範囲に関する説明において、全ての知識は感覚から引き出される、とする。また社会とは、利己的な機械的に行動する者の集合と、個人の自由・生命・財産を守るための相互の合意によって制度化された策略としての政府、ということになる。このゆえ、本質的に二つの別個の秩序、すなわち私的内的な感覚の世界と公的社会的な言語の世界が存在する、とする。以上のように典型的な啓蒙主義は、デカルトの合理主義、ニュートンの機械論的宇宙論、ロックの個人主義によって理解される[4]。

　このように把握した啓蒙主義に対するクリスチャンズの批判は、次のようなものである。

　個人のアイデンティティは独立してではなく、「善」を交渉する社会過程を通じてのみ構成される。我々が個人的な達成と考えるものの多くは、実際には共有の努力である。全ての道徳的な問題はコミュニティと関わっている。ゆえにロックの思想のような、個人と社会の二重性はコミュニタリアニズムにおいて克服される。我々の幸福は我々がともに仕事をし、生活するコミュニティの人々の健全さと活力に連動される[5]。

　ただし、クリスチャンズのいうコミュニタリアニズムとは、個人よりもコミュニティに重点を置くということではない。重要なのは相互関係である。相互関係とは他者とケアし合ったり、育み合ったり、エンパワーし合うような互恵関係に基づくもので、個人かコミュニティかではなく、コミュニティ全体の幸福への相互作用やコミットメント、すなわちコミュニティの中で関係しあう個々人が基本となる。つまり個々人が関係し合うコミュニティを支えようとする行為は道徳的に正しく、自己中心的な行為は間違っている、というのである[6]。

　以上のようにクリスチャンズは、コミュニティにおける相互関係を重視し、啓蒙主義を源流とする自律した個人を中核とする考え方を批判するのである。

3. 自由主義（Liberalism・Libertarianism）批判

　クリスチャンズは個人の自由を最も重要な基盤とする思想に批判的である。

ここで考察する自由主義とは、既述の啓蒙主義と明確に区別できるものではない。また、リバタリアニズムとリベラリズムをあえて区別していない。要するに、他人に迷惑がかからない限り各自が自由で平等に自身の選択をする権利を最優先する、というような考え方に対して批判的、ということに焦点を絞る。クリスチャンズが、「権利の政治学」と呼ぶ場合もある自由を中核とした思想の批判についてみてみる。クリスチャンズの批判の対象となるのは、次のようなものである。

　全ての人間は、社会の福祉や多数者の利益を理由に侵されることのない権利を有している。つまり社会制度は、正義に基づいて個々人に対等の市民としての権利を保証するべきものなのである。なぜならば、善は個人的な達成目標である。個人的な達成目標であれば、他人のそれと価値的な衝突、あるいは逸脱のようなことが起こる可能性もありうる。そうしたものに制約条件を課すのが正義なのである。正義が善に優先するのは、そもそも何が善であるかの範囲を社会制度の中に設定するのが正義の原理なのであるから、正義に善が優先することはありえないのである。ゆえに個々人が達成目標を選択するのであって、あらかじめ達成目標が設定されているのではない。まず個々人が存在し、その個々人が数多くのものの中から目的を選択するのである。そして、その選択を行う前提として正義があるのである。したがって、正義に基づく社会制度は個々人に対して平等な自由の権利を保証しなければならない[7]。

　クリスチャンズは個人の自由と権利を中心とした考え方を批判する。クリスチャンズによれば、個人の権利の政治学においては公正の過程は共通善の概念を上回る優先権を持つが、そのためには我々個々人のアイデンティティが歴史や文化から分離して確立されうる、ということを前提とすることによってのみ、我々はそのような優先権を受け入れることができる。しかし、我々人間のアイデンティティは善の社会的な概念の中で構築されるから、我々は個人の権利を政治的秩序の礎石にはできない。このようにクリスチャンズは、公正としての正義に基づく個人の権利が共通善に優先することを否定する。なぜならば、個々人の権利は、個々人のアイデンティティの確立なくして存在しえない。しかし、個々の人間のアイデンティティというものは、

自らを取り巻く歴史や文化等の中から確立されていくものである。ところが、共通善もまた歴史や文化等の中で確立していくものである。そうであるとすると、権利が共通善に優先するということは、権利は歴史や文化等と別個に確立するということである。要するに、個々人のアイデンティティの確立よりも先に、個々人の権利が確立するということは考えられないから、個人の権利が共通善に優先するということは考えられない、ということである。クリスチャンズは何が保護する価値であるかは、人間のアイデンティティや利害といったものの枠組みとなる特定の社会状況の中でのみ確かめることができる、と考える。クリスチャンズによれば、我々の個性はどこからともなく形づくられるのではない。我々は価値や意味が前提とされ、それらの交渉が行われる社会文化的な世界の中に生まれるのである。社会システムとしてのコミュニティは、その居住者よりも先から存在し、その居住者が去った後も持続する。それゆえ、道徳的に適切な行為はコミュニティに向けたものである。もし我々の自由が他者の繁栄の助けとなっていなかったならば、我々自身の福祉は否定されるのである。我々の達成感とは、決して孤立して到達できるものではなく、人間の結びつきを通じてのみ到達できるものである[(8)]。

　クリスチャンズは、社会制度における個人的な選好から完全に分離した平等な自由の権利のための制約、としての正義を否定する。自由主義の観点からすれば、自我が達成目標を選択するのであって、あらかじめ達成目標が設定されているのではなく、まず自我が存在しその自我が数多くのものの中から目的を選択するのであるが、クリスチャンズは逆である。我々のアイデンティティというものは、どこからともなく降って湧いてくるものではない。各自が生まれたコミュニティにおいて形成されるのである。そして、そのコミュニティには独自の歴史や文化がある。我々は自らが生まれ育ったコミュニティの歴史や文化を前提としたアイデンティティを確立する。自我がこのコミュニティを前提としたアイデンティティと切り離されることはない。一方、自由主義が達成目標と位置づける善も、コミュニティの歴史や文化を前提として形作られる。したがって、自我と達成目標としての善は、別個のものとして存在することはありえない。

　クリスチャンズによれば、我々が価値や意味が前提とされ、それらの交渉

が行われる社会文化的な世界の中に生まれる以上、自我と善は別個に存在しえない。自由で平等な権利を保証するだけでは、価値としての善の衝突を避けることはできない。そこで必要なものは共通善なのである。

4. 功利主義 (Utilitarianism) 批判

　クリスチャンズは功利主義を次のようなものと捉えている。

　功利主義の原理は「最大多数の最大幸福（the greatest happiness for the greatest number）」とされているが、これは誤解させる言葉である。ジョン・スチュアート・ミルがいう「最大多数」とは、多数派が獲得するものという意味を含んだ数値的な言い表し方であるから、「全体集計の最大幸福（the greatest happiness for the aggregate whole）」とすべきである。功利主義における道徳的に正しい選択とは、最大差で悪を上回る善である。正誤選択の決定に最終的に重要なのは、促進されるべき善と抑制されるべき悪の合計である。ジェレミー・ベンサムとミルの伝統的な見解は、善の目的は幸福と快楽であると把握する快楽主義である。しかしながら、二人の後の功利主義者は、もし快楽がある人の欲求の対象であるならば、全ての人がその対象を欲求するわけではない、ということに注目した。正誤は最終的に生み出された価値の全合計によって評価される、と主張したのである。このように考えれば、功利主義は我々の倫理的選択を手助けするための明確な指針を提供する。功利主義とは、我々が最も良心的な方法で自身に対する様々な選択の起こりうる結果を、計算させようとするものである。そうした計算の仕方が完成されたならば、我々は価値を最大化し喪失を最小化する道徳的義務を負う。行為者は「全体的にみた幸福の最大の合計」に焦点を絞るのである。功利主義は、やがて行為功利主義と規則功利主義に区別されるようになった。行為功利主義では、個々の行為が問題であるから、ある状況におけるある行為が悪を上回る善を生じるかどうかが問われる。規則功利主義は、最大の一般的福祉を促進する基盤として道徳的規則を規定する。問題なのは個々の行為が最大の功利性をもたらすかどうかではなく、行為の基盤となる一般的な規則が最大

の功利性をもたらすかどうかである[9]。

　このように把握した功利主義に対するクリスチャンズの批判は、次のようなものである。

　功利主義は事実の問題として人間は幸福を欲するから、それゆえ幸福は規範的に望ましい、ということを前提にする。つまり「である」を「すべき」にしたのである。したがって、功利主義は神や自然法のような信念を要求せず、道徳的行為は有効性や有害性の程度に基づくのだから、神聖な基準や道徳の形而上学的理論というようなものを必要としない、ということになる。功利性には哲学的正当性や理論的正当性、あるいは根本的命題や普遍的命題といったものを要求しない。功利性は行為者の動機や性格ではなく、行為の結果のみで評価する。功利そのものが善なのであり、非功利そのものが悪なのである。窃盗や詐欺そのものが誤りなのではなく、その他の選択肢よりも行為の結果が非生産的である場合にのみ誤っているのである。規則功利主義であれば、個々の行為の結果によってではなく、行為の一般的な規則になるものの結果によって正当性や不当性を判断する。しかし、規則功利主義は誰もがその方法で行為したと仮定した場合の結果に基づいて、広く応用されうる規則を作る。その規則は最大の功利性を作り出すという基盤の上で、正当化されなければならない。正しい行為を選ぶのであろうと規則を公式化するのであろうと、最大の人間の幸福のみが道徳的価値を持つのである。功利性の正確な判断は、事実に基づくデータにより中立的に行われるべきものである。そこで問題になるのは、判断の手段のみであり行為の目的ではない。しかし、功利性をどのように判断するかということは道徳外のものである。つまり行為の目的は行為の正当性判断の範囲の外なのである。また、功利主義は結果に関して我々が正確な測定を行えるかどうかに左右される。しかし、日常の出来事の中では我々の選択の結果は、しばしば不鮮明である。長期的なことに関してであれば、なおさらである。その上功利主義は、社会を各自がそれぞれの欲求や目的を持つ個々人の集合とみている。そのため、公共善を私的な善の合計であるという誤った考え方をするのである[10]。

　以上のようにクリスチャンズは、功利主義の結果主義的な面と多数決主義的な面を否定的に評価するのである。

5. 道具主義（Instrumentalism）批判[11]

　クリスチャンズは 2008 年の論文[12]で道具主義を次のように批判する。

　メディアは性格において技術的なものであり、技術が関わる争点はメディアの制度や実務に集中する。メディアは一般的に人間の倫理学よりもむしろ機械の道具的な価値に従う。一方ジャーナリストは、メディアの技術に導かれて取材し、メディアが命ずる面白い方法でそれを伝える。もともと人間の生活は自然を中心に有機的に構成されていた。西洋においては、ソクラテスが人間を中心にする以前は、哲学者は大地、空気、火、水等を論じた。人間の思考は最初自然に根ざしていた。その後の文明化は社会的な制度、コミュニティ、法等を構築し、人類は自らに向かい合うようになった。そして今や高度化した工業諸国は、主に技術に準拠し、道路、建物、機械、コンピュータ等が我々の生活を有機的に構成している。技術的な世界がそれまでの秩序を凌駕し、自然や社会は二次的な環境となり力を失った。技術革新が進行した専門職は技術的な策略となり、技巧的な熟練を必要とされるようになった。もちろん、技術は歴史を通して人間とともに存在したが、今やそれが秩序になっている。特にメディアの専門職はそれがいえる。

　機械的な精神と道徳的な判断は相容れないものである。我々は効率という機械的な命令のために、倫理学を槍玉にあげる。工業化社会とそこでの専門職においては、道具主義的世界観は人間の精神を侵し、人間の生活の哲学の中に潜り込む。効率や機械性は人間の価値を浸食する。技術的世代を駆り立てる道具主義は道徳的判断をする能力を蝕む。そうした中にあっては、生活は道徳的態度が存在せず、道徳という範疇を欠く道徳外のものである。確かに殺人や詐欺というような不道徳は存在するが、道徳的な語彙は聞かれないし理解されない。不道徳ではなく道徳外である。規範に反するのではなく規範の存在しない真空状態である。信頼は人間の世界に属する。信頼は人々の中の関係に依存する。機械が信頼を届けたり受けたりできるかは明らかではない。機械性に忠実な生産性や効率の価値が、現在の技術的な過程を支配する。我々は、道徳的な面を欠いた管理上の問題である費用や時間的効率に、

心を奪われる。かつて、人々は石を動かすためにてこを使用した。人々は特定の技術を制御していた。しかしながら、もはや制御しているのは道具を使用している人間ではなく、人間を飲み込んでいる技術的秩序である。我々は新しいパラダイム、すなわち思考のトランスフォーメーションを必要とする。道具的な世界観は、ひっくり返されなければならない。技術的な効率の世界では革命が起こされる必要がある。現在の技術的な問題を解決するのではなく解放される必要がある。今現在アメリカや日本等の国々が、全面的に道徳外である本格的な技術的秩序なわけではないが、道具的価値等は何処にでも存在し、トランスフォーメーションを必要とする。しかし魔法のような答は存在しない。唯一の解決策は時間をかけることである。教育を通じて進歩、専門技術、規模の大きさ等に関する信念は、人間の生命の神聖不可侵に根ざした価値に置き換えられなければならない。

　以上のようにクリスチャンズは、技術が秩序を形成する道具主義の世界では、倫理、道徳、規範等といった範疇自体が存在しない、とするのである。

6. 相対主義（Relativism）批判

　クリスチャンズが批判する相対主義とは次のようなものである。

　人類を他の種と区別する理性と道徳的基準を正当とする合理性による、倫理学的合理主義はかつて倫理学における支配的パラダイムであった。この見解において時代を超越した道徳的真実は、人間の本質に根ざされ特定の社会の慣習から独立したもの、とされてきた。しかし、18世紀以降の啓蒙主義を中心とした倫理学が社会秩序の本質である、という伝統的信念に対して、グローバル化と地域のアイデンティティの高まりにより、敵対的な声が大規模な攻撃へと急速に成長していった。そして20世紀には、不変の普遍的な規範は一般的に無効とされてきた。抽象的善を擁護することはもはや有益なものとしてではなく、むしろ多様なコミュニティの道徳的判断を支配する帝国主義とみられるようになった。規範そのものの概念が蝕まれ、道徳原理は当該社会から独立したいかなる客観的な応用も前提とされなくなった。正当

性とか妥当性というものは、ある一定の地域やその言語においてのみ理解される、とされた。わかりやすい文脈、真実である命題、妥当である主張、正誤の判断等は、文化内的基準のようなもので受け入れられる、と考えられた。そしてそれゆえ、以上のような概念、命題、主張、判断等は、他のどこかでは妥当性を持たないことも考えられる、とされるようになった。個々人の権利、国益、民族的アイデンティティ等は、その潜在的効果において相対的精神を育む。それに対して、人生における善を作り出すものは極めて不明瞭である。よって、確実に相対主義は勝利をえるし、普遍性に関するいかなる営みも妥当性の危機に直面するのである[(13)]。

　クリスチャンズは文化や価値は多元的なものと考える。しかしコミュニティにおける相互関係を重視し、自律した個人を中心とする啓蒙主義を批判するクリスチャンズにとって、文化や価値の差異を克服するための普遍性は重要なものである。クリスチャンズは、そもそも全ての文化が相対的であると主張すること自体が、その主張を無視することになる、とする。その主張自体によって相対主義は取り消されることになる、と考えるのである。なぜならば、全ての文化が相対的である、という普遍性の主張になってしまうからである。

　クリスチャンズの論点は、当該コミュニティの価値そのものではなく普遍的なものであり、当該コミュニティ内だけの善として理解される共通善ではなく普遍的な意味での共通である。なぜならコミュニティを超えた共通善へのコミットメントなくしては、我々はトリバリズムの不協和音を避けられないだろうからである。啓蒙思想家によって了解されたような、コミュニティで生活するために契約によって合意をするバラバラの個々人からなる社会と正反対のものが、全人類の社会である。全ての個人主義に対する究極的な切り札はグローバルな統一性である。普遍主義はその根本において個人主義を否定する。そしてコミュニタリアン倫理学の焦点は、コミュニティそのものではなく全体としての人間の連帯である[(14)]。

　そこで後述するように、クリスチャンズのコミュニケーション倫理学においては「原初的規範（Protonorm）」と、それから引き出される三つの「基本原理（Basic Principle）」の普遍性が主張されるのである。

7. クリスチャンズのコミュニケーション倫理学

クリスチャンズのコミュニケーション倫理学は、原初的規範とそれから引き出される三つの基本原理を基盤としている。原初的規範とは、人間を共通の統一性で結びつけるものであり、それを「生命の神聖不可侵（Sacredness of Life）」としている。その論理は次のようなものである。

新しい生命が誕生した時、自身との関係を議論するなどということはなく生命を保護する、という人間の義務は我が子に対する両親の責任と同様のものと理解される。このような義務は、時間を超越した交渉の余地のない先天的な責務なのである。生命の保護は、我々人間の役割や契約に関わりのない普遍的で原初的な人間共通のものなのである。つまり、人間の行為の哲学的根拠は地球上の生命への敬意である、ということができる。原初的規範としての生命の神聖不可侵は、善という抽象的な概念を一般化するというよりもむしろ、命あるものすべてと人間を普遍的に結びつける触媒なのであり、倫理学的原理の具体化へと導くものなのである[15]。

さらに、生命への敬意という規範を理解するのにコミュニケーションという文脈は特に適切である、としてクリスチャンズは次のように述べる。

コミュニケーションは、決して一つの孤立した要素ではない「我・汝」「我・それ」、という二重の機能を持つ過程である。コミュニケーションは、単なる知識の伝達ではなく、ともに創造しあう主体間の対話的遭遇である。それゆえ、メディアを介したコミュニケーション・システムは不可避的に人間の創造物である。例えば、文学や映画における話の発端、筋書き、設定、全体的なトーン、葛藤等の中に込められた不可欠の論点は、全て価値主導型のものであり、一定の文化の価値システムに拘束されるか、理解されないかのどちらかである。つまり、人間を身体と思考に分ける西洋的な二元論とは対照的に、対話的世界観は精神も含めた三位一体論であって、合理的、生物学的要素に加えて表象的、すなわち解釈的な要素が加わるのである。対話理論においてコミュニケーションは解釈的能力、すなわち精神に基づくのである。解釈が言語的なものであり、言語がコミュニティの基盤であるならば、

人間の結びつきは理性や行為によってではなく、解釈において共通の意味を見出すことによって構築される。このような相互的な人間性は、不可避的な他者との絆を共有するために自身の良心を働かせるという道徳的義務によって、エネルギーを与えられるのである。一方、生命への敬意というような原初的規範は、ローカルに再確認され文化的に銘記されるしかないものである。このような規範は概念的に述べた普遍的秩序であって、人間の種としての共通状況を反映したものである。しかし、人間は地理的、民族的、イデオロギー的に直面する現実を通して、そうした規範を実践する。普遍性は一定の地域において明白なのである。よって、コミュニケーション倫理学は被造物としての人間の位置を定め、道徳的判断のしっかりとした見解を必然的に伴うのである。道徳的コミットメントは、我々が現実に関する見解を共有し、人間のコミュニティを確立するという世界観の中に記される。このことは、道徳的行為者を独特の存在にしてしまって全ての者から切り離すのを拒絶し、日々の生活の中で道徳的想像力が作用するのと密接なのである。文化的、人種的、歴史的境界を越えた相互的人間は倫理学の基本である[16]。

　クリスチャンズは、人間は一人で生きているわけではない、ということに注目している。一人では生きられないから、自分以外の他の人間、あるいは他の生物や物体と何らかの関係を持つ。それがコミュニケーションである。個体としての人間は、「身体（Body）」と「思考（Mind）」という二元的な捉え方もあるが、原子のように孤立して存在しているわけではない。主体としてコミュニケーションの発信者となるばかりではなく、客体からのメッセージの受信者となりうる。そうであれば、客体からのメッセージを解釈するということをしなければ、人間は生きていけないことになる。そのような解釈をするのが「精神（Spirit）」である。人間の価値観は生まれ育ったコミュニティによって形成される。したがって、異なるコミュニティで生まれ育った人間同士は異なる価値観を持つことになる。つまり、異なる価値観を理解しようとする倫理的な姿勢で解釈を行わなければ、異なるコミュニティの人間同士の相互関係は成り立たないことになる。ゆえにクリスチャンズは、原初的規範と人間の普遍的な倫理的行為とを結びつけるものとして、コミュニケーションを位置づけるのである。

コミュニケーション倫理学の基本原理とは次の三つである。

第1に「人間の尊厳（Human Diginity）」である。クリスチャンズはこの原理の象徴として「人類社会のすべての構成員の固有の尊厳と平等で譲ることのできない権利とを承認することは、世界における自由、正義及び平和の基礎である」という世界人権宣言の前文をあげ、いかなる子供も女性も男性も、宗教、階級、ジェンダー、年齢、民族等に関わりなく、神聖不可侵の地位を有する、とする。このようなすべての人間に共通する神聖不可侵性は、公正な社会の概念を生み出すために共有されたコミットメントなのである。

第2に「真実を述べること（Truth-telling）」である。言語は社会を構成する主な手段であり、人間が真実への最優先のコミットメントなくして存在することは不可能である。美辞麗句にとどまることもあるが、メディアの倫理綱領は、社会的コミュニケーションの土台として典型的に真実に訴えるのである。つまり、メディアは本質的な価値を自らの倫理綱領という方法で反映しているのである。我々が、生活する象徴的な舞台の主な担い手として、マス・メディアは選択の余地なく、その使命や原理に対する義務として、真実を述べるという規範を遵守しなければならないのである。

第3に「非暴力（Nonviolence）」である。非暴力は人間がともに平和に生きるためのコミットメントであり、二つの原理同様生命の神聖不可侵に根ざした不可譲の規範である。心の奥底に抱く肉体的な虐待に対する世間一般の嫌悪感や、残忍な犯罪や野蛮な戦争への狼狽は、この原理の妥当性を反映する希望の光である。非暴力という原理によって、我々は普遍的な責務として無辜の者を害さない、という倫理学理論を明言するのである。

クリスチャンズによると、以上の三つの基本原理が確立されると、メディアの倫理的慣行や倫理綱領を批判する準拠枠が手に入る。この原理はジェンダーを包括した文化的に多様である間主観的モデルや、理論的パラダイムに向けたものである。基本原理によって、より効果的にコミュニケーション理論やメディアの実践を形成するためには、グローバルな観点において我々の道徳的責務を把握する、より多くの試みが必要とされる。共有すべき世界の資源を乱用することには今や道徳的反響を帯びる。国政、医療、教育、軍事、交通等は、全て生活を維持向上させるのか、全体的な人間の幸福に貢献する

のか、といったことの最終的な評価が下される以前に、判断されるべきものである。マス・メディアが挑むべきものは、ニュースでの政治的洞察や娯楽での美的な魅力だけではなく、道徳的識別でもある。それこそが、単に政治や娯楽そのものに焦点を絞ることを拒否し、普遍的規範に争点を結びつけ、我々の思考に語りかけるばかりでなく、精神に生気を与える公的な議論を潤すような討議なのである。我々の道徳的想像力を活気づける過程においてマス・メディアは、読者や視聴者が、同種の人間の価値を巡る良心と葛藤する他者にも、共鳴することを可能にする[17]。

　コミュニケーション倫理学に関してクリスチャンズは次のように結論づける。

　原初的規範やそれから引き出された倫理学的原理なくして、我々はどのようにして虐殺や環境破壊を、間違っているとか、非道であるとか、卑劣であるとか、悪である、と主張することができるのか。何を根拠に、暗殺によって政治的目的を達成しようとするテロリストは、非難されるのか。なぜ我々は、ヒトラーを非難することができ、アンネ・フランクの保護を賞賛できるのか。その人自身の私利私欲を超越した規範へのコミットメントなくして、道徳的主張は単なる感情的好みでしかない[18]。

8. クリスチャンズのトランスフォーマティブ・ジャーナリズム

　クリスチャンズはトランスフォーマティブ・ジャーナリズムを提唱する。それは次のようなものである。

　リベラリズムにおいて、ジャーナリズムの中立性は個人の自由のために必要である。個人の自由を至上のものとして保障するために、社会の基本的な制度は、善というような相対的に異なるような概念について中立的であるべきなのである。市民は多数決原理により、善き生活の概念を自由に選べるべきなのである。しかし、コミュニタリアニズムにおいて、ジャーナリズムの使命は中立的なデータを偏りなく報道することではなく、コミュニティの成員のトランスフォーメーションである。受け手に正しい資料を供給するばか

りでなく、ジャーナリズムの最終的な目的は、道徳的リテラシーを持たせることである。コミュニタリアニズム倫理学において、ジャーナリストはコミュニティ発展の担い手であって、単なる客観情報の伝達というニュースに関する主流の規範は否定されるべきである。コミュニティの生活を活気づけるために、ジャーナリストは責任ある行為とは何かというようなことを理解し説明する必要がある。ニュースを客観的な情報と考えることは、グローバルな時代における文化的政治的複雑さに対しては、狭義に過ぎる。ジャーナリズムの使命は知識そのものではなく、コミュニティの活力を生み出すことである。問題なのは、コミュニティの成員が自らの社会を改善するには何が必要か、あるいはそうするために必要なコミュニティの成員のトランスフォーメーションはどうすれば達成されうるのか、ということである。人間の尊厳という原理に従えば、報道されるコミュニティが健全であることは、ジャーナリストが健全であるために不可欠である。コミュニティの成員が最も適切な行為を相互に決定しあえる時には、受け手に対する敬意が存在する、ということである。ジャーナリズムの主な使命はウォッチドッグの役割ではなく、健全なコミュニティを促進することである。そのため様々な社会構造（家族、宗教団体、学校、統治機構）等の問題は、コミュニティの枠組みの中で取り組まれるのである。コミュニティに基づく報道は、表明されたコミュニティの成員の態度、定義等に共鳴するものである。市長、警察署長、最高経営責任者等によって定義された、上意下達の争点を提示される存在ではなく、コミュニティの成員は積極的で責任あるものと考えられるのである。それゆえジャーナリズムは、コミュニティが直面する問題自体に対応することを可能にするのである。我々の道徳的判断基準は、コミュニティによって引き出され、共有された討議を通じて育まれるものである。ジャーナリズムが、ニュース、社説、特集記事、調査報道等において道徳の範疇を扱う時、その内容はコミュニティの中で深く認識されている必要性と見合ったものになるのである[19]。

　以上がクリスチャンズのいうところの、トランスフォーマティブ・ジャーナリズムであり、あるべきジャーナリズムの姿なのである。

　クリスチャンズは、多数決で51％が賛成すれば、49％は不本意でも沈黙

しなければならない社会をデモクラシーとは考えない。全てのコミュニティの成員が、熟議に参加し共通善を見出せる社会が、デモクラシーといえるのである。そのために個々の成員が熟議に参加できるように、各成員をトランスフォームするのがジャーナリズムの役割である、とクリスチャンズは考えるのである。

おわりに

　クリスチャンズが、啓蒙主義や自由主義に批判的なのは、コミュニタリアンであるから当然のように思える。しかしクリスチャンズの思想の特徴は、倫理学原理としてコミュニケーションが中心に存在する、ということである。人間は生まれ育ったコミュニティによって価値観を確立するが、その一方でコミュニケーションなくしては生きていけない。コミュニティが異なる人間同士が、コミュニケーションを成立させるためには、コミュニティを超えた普遍的な規範を踏まえた、倫理的な姿勢が必要なのである。そのため相対主義を批判することになる。また、啓蒙主義や自由主義における、自由な個人を中心にすることは、結局自由なコミュニケーションの根拠を憲法で保障された権利で説明することになる。すると、自由なコミュニケーションの問題は、個人のアイデンティティや善といった倫理学の問題ではなく、権利を中心とした法律の問題となってしまい、法律的な規制を受け入れることに繋がってしまう。そのため啓蒙主義や自由主義を批判するばかりでなく、その根底で多数決という点で繋がってくる功利主義も批判の対象となるのである。自由なコミュニケーションによってコミュニティの成員一人一人が熟議に参加し、共通善を追求していくような社会には、コミュニケーションのツールとして、人間のためのメディアが必要である。そのためには、道具主義は克服されなければならない。そして、道具主義を克服したメディアによって、個々のコミュニティの成員が、自らの意見を明確に述べて熟議に参加できるように、ジャーナリズムは各成員をトランスフォームする必要がある。それがトランスフォーマティブ・ジャーナリズムなのである。

　＊本章は、「科学研究費助成事業（学術研究助成基金助成金）：極化現象の分析と『ポスト・トゥルース』時代の倫理学的視座の探求（研究種目：基盤研究（C）一般　研究課題番号：18K00049：2018 年 4 月 1 日〜2021 年 3 月 31 日）」による研究成果の一部である。

(1)　　Wilkins, Lee (ed.) (2010) "Special Issue: The Scholarship of Clifford G. Christians." *Journal of Mass Media Ethics*, Vol.25, No.2, pp.97-159.

(2)　　Christians, Clifford G. (1977) "Fifty Years of Scholarship in Media Ethics." *Journal of Communication*, Vol.27, No.4, pp.19-29.

(3)　　Christians, Clifeord G., Fackler, Mark & Ferré, John P. (2012) *Ethics for Public Communication:Defining Moments in Media History*. New York: Oxford University Press. p.x.

(4)　　Christians Clifford G. (2010) "On Living in Nirvana." *Journal of Mass Media Ethics*, Vol.25, No.2, p.141.

(5)　　Christians Clifford G. (2015) "The Communitarian Perspective." In Babcock, William A. & Freivogel, William H. (eds.) *The SAGE Guide to Key Issues in Mass Media Ethics and Law*. Los Angeles: Sage. pp.29-31.

(6)　　Christians, Clifford G., Ferré, John P., & Fackler, P. Mark (1993) *Good News: Social Ethics & the Press*. New York: Oxford University Press., pp.61-75.

(7)　　ここで述べている自由主義の観点からの権利の政治学等に関しては、Rawls, John (1971 = 2010) *A Theory of Justice.* Cambridge: Harvard University Press.（川本隆史、福間聡、神島裕子訳『正議論　改訂版』紀伊國屋書店）参照。

(8)　　Christians, Clifford. (2006) "The Case for Communitarian Ethics." In Land, Mitchell & Hornaday, Bill W. (eds.) (2006) *Contemporary Media Ethics*. Spokane: Marquette Books. pp.61-62.

(9)　　Christians, Clifford G., Fackler, Mark, Richardson, Kathy Brittain, Kreshel Peggy J. & Woods, Robert H. Jr. (2017) *Media Ethics: Cases and Moral Reasoning, 10th ed.* New York: Routledge. pp.21-22.

(10)　　Christians, Clifford G. (2007) "Utilitarianism in Media Ethics and Its Discontents." *Journal of Mass Media Ethics*, Vol.22, No.2&3, pp.113-131.

(11)　　クリスチャンズはジャック・エリュール研究者としても世界的に著名であり、道具主義批判はエリュールの影響が大きい。島尾永康・竹岡敬温訳『技術社会・上』すぐ書房　1973 年と、鳥巣美知郎・倉橋重史訳『技術社会・下』すぐ書房　1976 年参照。

(12) Christians, Clifford G. (2008) "Trust and a New Ethics."『ジャーナリズム＆メディア』
日本大学法学部新聞学研究所　第1号　70〜73頁。

(13) Christians, Clifford G. (2005) "Ethical Theory in Communications Research." *Journalism Studies*, Vol.6, No.1, pp.3-6.

(14) Christians, Clifford G. (1997) "The Common Good and Universal Values." In Black, Jay. (ed.) (1997) *Mixed News: The Public/Civic/Communitarian Journalism Debate*. New York: Routledge. pp.19-23.

(15) Christians, Clifford G. (1997) "The Ethics of Being in a Communications Context." In Christians, Clifford. & Traber, Michael (eds.) (1997) *Communication Ethics and Universal Values*. Thousand Oaks: Sage. pp.6-8.

(16) Ibid., pp.8-12.

(17) Ibid., pp.12-15.

(18) Ibid., p.16.

(19) Christians Clifford G. (2015) op. cit., pp.38-40.

実 践

第5章

プライバシー侵害

──『逆転』事件再考

はじめに

　プライバシー侵害が問題になる時、当然侵害された側は不法行為を主張する。そして、プライバシー侵害で訴えられたメディアの側も、知る権利や表現の自由といった基本的人権で対抗する。プライバシー侵害の問題は常に権利の問題として扱われてきた。しかし、本当にそれだけだろうか。プライバシー侵害とは、権利だけの問題なのだろうか。本当に他の論点はないのだろうか。

　古典的な事件の部類に入ってしまったが、『逆転』事件の争点は必ずしも権利だけではなかった。著者伊佐千尋は『逆転』を冤罪報道であると主張した。その主張は、速報性や公益性等に重点を置く従来のジャーナリズムの問題とは違ったように思える。しかしながら、最高裁では従来通りの権利の問題で片付けられ、冤罪報道の問題に深く立ち入ることはなかった。

　『逆転』事件は、プライバシー侵害に関する判例の古典的なものとして扱われる。既に議論し尽くされた事例にもみえる。しかし、伊佐が実名にこだわった冤罪報道が、沖縄というコミュニティゆえに生まれたものと考えた場合どうだろうか。コミュニティの価値観に基づく共通善の実現を目指したものと考えた場合どうだろうか。新たに議論すべき点はないだろうか。本章は

そうした問題意識の下に『逆転』事件を手掛かりとして、プライバシー侵害を共通善の倫理学という視点を加えて考察してみようとするものである。

1. 権利の倫理学

　今日の日本で、ジャーナリズム倫理が語られる時、圧倒的に多いのが人権に関する問題である。このような問題について語られる時、法解釈を中心とした権利の問題として扱われることが一般的である。いわば「権利の倫理学」が主流となっているわけである。では、権利に基づく倫理学とは、いかなるものだろうか。権利の倫理学の代表的な提唱者とされるジョン・ロールズの考え方をみてみることにする。

　ロールズはその著書『正義論』において、社会制度と個人の権利について次のように述べている。

　　　真理が思想の体系にとって第一の徳（the first virtue）〔＝何はさておき実現される価値〕であるように、正義は社会の諸制度がまずもって発揮すべき効能（the first virtue）である。どれほど優美で無駄のない理論であろうとも、もしそれが真理に反しているのなら、棄却し修正せねばならない。それと同じように、どれだけ効率的でうまく編成されている法や制度であろうとも、もしそれらが正義に反するのであれば、改革し撤廃せねばならない。すべての人びとは正義に基づいた〈不可侵なるもの〉を所持しており、社会全体の福祉〔の実現という口実〕を持ち出したとしても、これを蹂躙することはできない。こうした理由でもって、一部の人が自由を喪失したとしても残りの人びとどうしでより大きな利益を分かち合えるならばその事態を正当とすることを、正義は認めない。少数の人びとに犠牲を強いることよりも多数の人びとがより多くの量の利便性を享受できるほうを重視すること、これも正義が許容するところではない。したがって、正義にかなった社会においては、〈対等な市民としての暮らし〉（equal citizenship）を構成する諸自由はしっかりと確

保されている。つまり正義が保証する諸権利は、政治的な交渉や社会的な利害計算に左右されるものではない。[(1)]

　ロールズによれば、正義は社会制度の第1の徳である。したがって、社会制度は正義に基づいたものでなければならない。また全ての人は、社会福祉や多数者の利益を理由に侵されることのない権利を有している。つまり社会制度は、正義に基づいて個々人に対等な市民としての権利を保証するべきものなのである。
　それではなぜ正義は、社会福祉や善[(2)]に優先するのだろうか。

　　大多数の人びとの強い確信であっても——実際、それが先だって確立された正義の原理に少しも基づいていないたんなる選好に過ぎないならば——そもそも重要性を持つことがない。そうした感情の充足は、平等な自由の権利要求に対抗しうるような価値を有してはいない。他の人びとの振る舞いや信念に対して不平を言うためには、彼らの行為は私たちを害している、もしくは彼らが行いを是認している制度は私たちを不当に扱っている、ということを明らかにしなければならない。……感情の激しさや、その感情が大多数の人びとによって共有されているということはまったく価値がない。契約論にあっては、自由の根拠は既存の選好から完全に分離している。[(3)]

　ロールズによれば、正義に基づく社会制度は、個々人に対して平等な自由の権利を保証している。そうした権利は、単なる選好によって侵害されるものではない。これに対して善というようなものは、例え多数者の強い支持があろうとも、単なる選好に過ぎない。そこで社会制度には、選好から完全に分離した平等な自由の権利のための制約が必要となる。

　　正（正しさ）および正義の諸原理は、どのような満足が価値を有するかの限界を定める。つまり、何が各自の善の妥当な構想だと言えるかについての制約条件を課す。各自の〔人生の〕計画を練り上げ、〔このよ

うに生きたいという〕強い願いを決定するにあたって、人びとは右のような複数の制約を考慮に入れる。こうして〈公正としての正義〉では、人びとの諸種の性向がどのようなものであろうとも、それらを所与のものとして受け入れることはない。……このことを次のように表現できるだろう──〈公正としての正義〉において、正の概念が善の概念に対して優先権をもっている、と。正義にかなった社会システムが、その中で個人が自分たちの達成目標を創出せねばならない余地・範囲を定め、権利と機会の枠組みおよび満足の手段を提供する。この枠組みの内部でそうした手段を用いて、人びとの諸目的〔＝善〕は公平に追求されることになる。善に対する正義の優先権を（あくまで部分的にだが）説明するには、〈正義の侵害を要求するような諸利益はまったく価値をもたない〉と考えればよい。そもそもそれらの利益には何の取り柄もないのだから、正義の権利要求に優先しこれを覆すことなど不可能なのである。[(4)]

　ロールズは善を個人的な達成目標とする。個人的な達成目標であれば、他人のそれと価値的な衝突、あるいは逸脱のようなことが起こる可能性もありうる。そうしたものに制約条件を課すのが正義なのである。正義が善に優先するのは、そもそも何が善であるかの範囲を社会制度の中に設定するのが正義の原理なのであるから、正義に善が優先することはありえないのである。
　しかし功利主義の場合、最大多数の最大幸福を追求するのであるから、達成目標、すなわち善の方が優先するはずである。人はどのような行為をすれば善になるのかを考え、その結果として何が正義かが明確になってくる、と考えられる。ロールズはこのような目的論を否定する。

　　目的論的な学説は最初から誤ったやり方で正（正しさ）と善（望ましさ）とを関係づけている。正とは独立に定義される善をまず目指すことによって、私たちの生活を形作ろうなどと試みるべきではない。私たちの自然本性を第一義的に示してくれるものは、私たちの達成目標ではない。むしろ（私たちの達成目標を形成する上で背景をなす）複数の条件

および（達成目標が追求されうる流儀を律することを私たちが承認すると考えられる）原理こそが、私たちの自然本性を浮き彫りにする。なぜかというと、自我は自我が確証・肯定する諸目的に先立つ存在だからである。有力な人生目的でさえ、無数の可能性の中から選択されなければならない。熟慮に基づく合理性を超える理路は存在しない。それゆえ私たちは、目的論的な学説によって企てられた正と善との関係を逆転させ、正のほうが善に優先すると見なさねばならない。その場合、目的論的な学説とは反対の方向に進むことによって道徳理論は発展させられる。[5]

　ロールズによれば、自我が達成目標を選択するのであって、あらかじめ達成目標が設定されているのではない。まず自我が存在し、その自我が数多くのものの中から目的を選択するのである。そして、その選択を行う前提として正義があるのである。したがって、正義に基づく社会制度は個々人に対して平等な自由の権利を保証する。つまり、正義を前提とする倫理学は権利の倫理学と位置づけることができるのである。

2. 共通善の倫理学

　クリスチャンズは、ロールズのような権利を中心とした考え方を批判する。クリスチャンズによれば、個人の権利を中心とした考え方においては、公正の過程は共通善の概念を上回る優先権を持つ。しかしそのためには、我々個々人のアイデンティティが歴史や文化から分離して確立されうる、ということを前提とすることによってのみ、我々はそのような優先権を受け入れることができる。それに対して、我々人間のアイデンティティは善の社会的な概念の中で構築されるから、我々は個人の権利を政治的秩序の礎石にはできない[6]。
　このように、クリスチャンズはコミュニタリアンの立場から、公正としての正義に基づく個人の権利が共通善に優先することを否定する。なぜならば、個々人の権利は、個々人のアイデンティティの確立なくして存在しえない。

しかし、個々の人間のアイデンティティというものは、自らを取り巻く歴史や文化等の中から確立されていくものである。ところが、共通善もまた歴史や文化等の中で確立していくものである。そうであるとすると、権利が共通善に優先するということは、権利は歴史や文化等と別個に確立するということである。要するに、個々人のアイデンティティの確立よりも先に個々人の権利が確立するということは考えられないから、個人の権利が共通善に優先するということは考えられない、ということである。

　クリスチャンズは、何が保護する価値であるかは、人間のアイデンティティや利害といったものの枠組みとなる特定の社会状況の中でのみ確かめることができる、と考える。クリスチャンズによれば、我々の個性はどこからともなく形作られるのではない。我々は価値や意味が前提とされ、それらの交渉が行われる社会文化的な世界の中に生まれるのである。社会システムとしてのコミュニティはその居住者よりも先から存在し、その居住者が去った後も持続する。それゆえ、道徳的に適切な行為はコミュニティに向けたものである。もし我々の自由が他者の繁栄の助けとなっていなかったならば、我々自身の福祉は否定されるのである。我々の達成感とは決して孤立して到達できるものではなく、人間の結びつきを通じてのみ到達できるものである[7]。

　クリスチャンズはロールズが考えるような、社会制度における個人的な選好から完全に分離した、平等な自由の権利のための制約としての正義を否定する。ロールズによれば、自我が達成目標を選択するのであって、あらかじめ達成目標が設定されているのではなく、まず自我が存在しその自我が数多くのものの中から目的を選択するのであるが、クリスチャンズは逆である。我々のアイデンティティというものはどこからともなく降って湧いてくるものではない。各自が生まれたコミュニティにおいて形成されるのである。そして、そのコミュニティには独自の歴史や文化がある。我々は自らが生まれ育ったコミュニティの歴史や文化を前提としたアイデンティティを確立する。自我がこのコミュニティを前提としたアイデンティティと切り離されることはない。一方、ロールズが達成目標と位置づける善も、コミュニティの歴史や文化を前提として形作られる。したがって、自我と達成目標としての善は別個のものとして存在することはありえない。

このようなコミュニタリアンの世界観は、集団主義や全体主義とみられがちであるが、クリスチャンズによれば、コミュニタリアニズムの基盤は相互関係である。クリスチャンズのいう相互関係とは、自己のためばかりでなく自己が存在するために他者の価値をも容認するもので、自己実現の追求を目的とする個々人の社会契約とは質を異にする。社会における関係の中において個人を捉えるのであって、焦点となるのは個々人でもなければコミュニティでもなく、コミュニティにおける個人間の相互関係である[8]。

クリスチャンズによれば、我々が価値や意味が前提とされ、それらの交渉が行われる社会文化的な世界の中に生まれる以上、自我と善は別個に存在しえない。自由で平等な権利を保証するだけでは、価値としての善の衝突を避けることはできない。そこで共通善の追求が必要となる。つまり、コミュニタリアニズムの倫理学は共通善の倫理学と位置づけることができるのである。

3. プライバシー侵害の倫理学

クリスチャンズは、プライバシー侵害の問題を倫理学的な問題として捉えるべきである、と考える。プライバシーの問題を法的な「正」ではなく道徳的な「善」の問題とし、法的な定義が今日のプライバシーの問題に対応し切れておらず、法を超越したプライバシーの倫理学を確立することがジャーナリズムにとって重要である、としている[9]。

プライバシーの倫理学を確立させる必要がある理由を、クリスチャンズは三つあげている。第1に、公人と私人の問題を挙げている。法はプライバシーの保護において公人と私人を区別する。私人のプライバシーを手厚く保護しようとする一方で、公的関心事であれば秘密の公開を許してきた。一般的に裁判所は政治的な存在であれば純粋な私人とは扱わず、言論の自由の価値がプライバシーの考慮に優先することを支持してきた。判例はマス・メディアに対し公人に関する報道の特別な許容範囲を与え、現実の悪意等が認められなければ公人に関しては虚偽の報道であっても免責された。不明確さが存在しつつも最高裁は概して、民主政治に欠くことのできないマス・メディア

の自由を縮小しない選択をしてきた。つまり、法は明確にプライバシー侵害を規制することはできず、それができるのは人間の良識や公正さなのである[10]。

　第2に、ニュースの価値判断の問題を挙げている。公的関心事に関わって図らずも公衆の目に晒されることとなった人は、一般的に公人同様の扱いを受ける。裁判所もマス・メディアのニュース価値の判断を肯定する傾向にある。しかしニュースの価値は流行に左右されやすく、市場の競争の影響を受けやすい。したがって、民主政治の決定作成過程において必要とされる情報から、単なる噂話やのぞき見行為を区別するには、法的な判断に加えて倫理的な判断も必要とされるのである[11]。

　第3に、自我と社会の関係に関する問題を挙げている。プライバシーとは我々の人間性に埋め込まれたものだから、根本的に道徳的な性格をもつものである。プライバシーが健全な状態にあるか侵害されているかが、種としての人類を害したり傷つけたりする。我々の生活の核心を統制することは自らの個性にとって本質的なことであるから、道徳的な善としてのプライバシーは決して他人に譲渡することはできないものである。しかしながら、そのようなものである一方で、我々は社会的政治的領域において責任を伴う文化的存在であるから、プライバシーは絶対的なものではありえない。つまり、我々は尊厳の担い手としての人格であるからプライバシーを必要とする。しかし、我々は社会的存在であるから相互の公的情報を必要とする。我々は個人であるから、プライバシーを消去することは我々が知っているような人間という存在を消し去ることである。しかし、我々は社会的であるから、プライバシーを絶対的な地位へと押し上げることは、同じく人間という存在を不可能にする。プライバシーにおける自我と社会の問題は、法解釈的な方法のみでは倫理的に健全な結論へは到達しないのである[12]。

　デジタル時代を迎えた今日、プライバシーの侵害は広範囲にわたる公的な問題となっている。それゆえ、同一基準の倫理学的枠組みが必要とされるのであり、その拠り所となるプライバシーの倫理学は、個人の権利に根ざすのではなく、共通善に根ざすものでなければならないのである[13]、とクリスチャンズは考えるのである。

4.『逆転』事件[14]

　『逆転』事件を手掛かりとして、プライバシー侵害を倫理学的に考察して
いく。なぜ今更『逆転』事件かというと、二つの点で有効な事例であると考
えたからである。第1に、この事例は、権利と共通善の対立と置き換える
ことができると考えたからである。第2に、伊佐を冤罪報道へとかき立て
たものが、沖縄というコミュニティから生じた価値観によるものであり、最
高裁判決にみられるような日本の多数派の考え方との対立がこの事例の問題
点であると考えたからである。

　まずは『逆転』事件判決に関する通説をみておく。『逆転』事件判決に関
しては、最高裁判決において、「過去の犯罪事実の公表が不法行為を構成す
るか否かは『その者のその後の生活状況のみならず、事件それ自体の歴史的
又は社会的な意義、その当事者の重要性、その者の社会的活動及び影響力に
ついて、その著作物の目的、性格等に照らした実名使用の意義及び必要性を
も併せて判断すべきもので、その結果、前科等にかかわる事実を公表されな
い法的利益が優越するとされる場合には、その公表によって被った精神的苦
痛の賠償を求めることができる』と述べ、プライバシー権と取材・報道の自
由の調整は、名誉毀損の場合のように一定の免責要件に従って行われるので
はなく、むしろ個別的比較衡量の考え方……によるべきであることを示唆し
ています。しかしながら、こうした考え方は、……必ずしも適切とは言えな
いように思われます。……高裁判決（東京高判平成元年9月5日）は、公
表された私的事実が『公共の利害に関わり、これに対する社会一般の関心が
正当なものと認められるような特別な事情がある場合に、公益を図る目的で
当該事実を公表することは適法である』と述べ、プライバシー侵害の表現
（報道）であっても、そこに公共性および公益性……が認められる場合には
原則として免責されるという見解を示しています[15]」と、最高裁判決より
も高裁判決の方を評価するものと、「前科等の犯罪に関わる情報は、私的領
域に属する情報と捉えるのには無理があると考える。したがって、プライ
ヴァシーとして構成した控訴審判決よりも、名誉・信用の保護の観点と刑事政

策的な観点からの法的保護の対象とおいた最高裁判決の方が妥当であると考える[16]」と、逆の評価をするものがある。

しかし何れの立場にしても、「犯罪に関する事実は一般に公共の利益に関する事実であるとし、事件発生当時や裁判継続中の報道は妥当であるとしている（逆転事件）。しかしだからといって、事件に少しでも関連する事柄であれば何でも報道してよいかといえば、答えはノーだろう[17]」とし、『逆転』事件の場合はこの「ノー」の場合にあたる、ということでは一致している。その理由は、「要するに本件では、12年余の時間経過のなかで一般に忘却のかなたにもっていかれていたはずの、前科等にかかわる事実が、いま、『公共情報』として公表されるべき特段の事情がない、と判定されたのであった。著作者の意図がどんなに真摯でも、また著作物が一般的にいってどんなに立派であっても、さらにもう一つ、特別な事情がないかぎりは——すなわち、めったなことでは——前科等にかかわる事実のプライバシー性は、尊重しなければならない、という考え方に、それは裏打ちされているであろう。なぜそうあるべきなのだろうか。どんな人も、自分の人生をやり直す権利があるからである。この権利を享有するためには、人は、能うかぎり、新しい出発点・立脚点を選択する自由があるべきだからである。人にプライバシーの権利があるということは、そういうことなのである[18]」ということである。

つまり、『逆転』によって公表された被上告人の前科は「公共情報」ではない、というのが通説である。その点についてもう少し考えてみたい。ここでは最高裁判決に焦点を絞って考察していく。『逆転』事件の最高裁判決の要旨は以下のようなものである。

　　ある者が刑事事件につき被疑者とされ、さらには被告人として公訴を提起されて判決を受け、とりわけ有罪判決を受け、服役したという事実は、その者の名誉あるいは信用に直接にかかわる事項であるから、その者は、みだりに右の前科等にかかわる事実を公表されないことにつき、法的保護に値する利益を有するものというべきである。……この理は、右の前科等にかかわる事実の公表が公的機関によるものであっても、私人又は私的団体によるものであっても変わるものではない。そして、そ

の者が有罪判決を受けた後あるいは服役を終えた後においては、一市民として社会に復帰することが期待されるのであるから、その者は、前科等にかかわる事実の公表によって、新しく形成している社会生活の平穏を害されその更生を妨げられない利益を有するというべきである。

（中略）

　要するに、前科等にかかわる事実については、これを公表されない利益が法的保護に値する場合があると同時に、その公表が許されるべき場合もあるのであって、ある者の前科等にかかわる事実を実名を使用して著作物で公表したことが不法行為を構成するか否かは、その者のその後の生活状況のみならず、事件それ自体の歴史的又は社会的な意義、その当事者の重要性、その者の社会的活動及びその影響力について、その著作物の目的、性格等に照らした実名使用の意義及び必要性をも併せて判断すべきもので、その結果、前科等にかかわる事実を公表されない法的利益が優越するとされる場合には、その公表によって被った精神的苦痛の賠償を求めることができるものといわなければならない。……

　そこで、以上の見地から本件をみると、まず、本件事件及び本件裁判から本件著作が刊行されるまでに一二年余の歳月を経過しているが、その間、被上告人が社会復帰に努め、新たな生活環境を形成していた事実に照らせば、被上告人は、その前科にかかわる事実を公表されないことにつき法的保護に値する利益を有していたことは明らかであるといわなければならない。しかも、被上告人は、地元を離れて大都会の中で無名の一市民として生活していたのであって、公的立場にある人物のようにその社会的活動に対する批判ないし評価の一資料として前科にかかわる事実の公表を受忍しなければならない場合ではない。[19]

　刑法230条の2の2項が、「公訴が提起されるに至っていない人の犯罪行為に関する事実は、公共の利害に関する事実とみなす」としているように、犯罪事実に関する公表それ自体が、すぐにプライバシー侵害や名誉毀損となるわけではない。『逆転』事件の場合に限定すれば、既に服役を終えて社会に復帰する段階にあったから不法行為を構成する、とされたのである。確か

に、過去の犯罪をいつまでもあげつらって、既に罪を償った人の更生を妨げるべきでないことは、いうまでもないことである。しかしながら、判決文の中にもあるように、前科等にかかわる事実の公表が許される場合もあるのであって、問題は何のためにそのような公表が行われたかである。

　ノンフィクション『逆転』の著者伊佐は、『逆転』作成の動機、目的として３点挙げているが、その第２点で「本件の被告人たちが、誤った犯罪報道、裁判報道により、傷害致死（犯罪報道では殺人）事件について有罪とされたとの誤解を正すことである。ひいては、当該裁判官が、陪審員の無罪の答申内容を無視し、付け足し的な傷害有罪の答申を悪用して、被告人に三年という考えられない重刑を科したことを明らかにして、被告人らの冤を晴らし、裁判官への批判を提起したことである(20)」としている。伊佐は『逆転』を冤罪報道と位置づけているのである。このことに対して、最高裁は以下のようにしている。

　　所論は、本件著作は、……被上告人ら四名が無実であったことを明らかにしようとしたものであるから、本件事件ないしは本件裁判について、被上告人の実名を使用しても、その前科にかかわる事実を公表したことにはならないという。しかし、本件著作では、上告人自身を含む陪審員の評議の結果、被上告人ら四名がウィリアムスに対する傷害の罪で有罪と答申された事実が明らかにされている上、被上告人の下駄やシャツに米兵の血液型と同型の血液が付着していた事実など、被上告人と事件とのかかわりを示す証拠が裁判に提出されていることが記述され、また、陪審評議において、喧嘩両成敗であるとの論議がされた旨の記述はあるが、被上告人ら四名が正当防衛として無罪であるとの主張がされた旨の記述はない。したがって、本件著作は、被上告人ら四名に対してされた陪審の答申と当初の公訴事実との間に大きな相違があり、また、言い渡された刑が陪審の答申した事実に対する量刑として重いという印象を強く与えるものではあるが、被上告人が本件事件に全く無関係であったとか、被上告人ら四名の行為が正当防衛であったとかいう意味において、その無実を訴えたものであると解することはできない。(21)

『逆転』が前科にかかわる事実の公表を行っていることは確かである。また、前科を公表されている登場人物4名について、本件事件に全く無関係であるとか、彼らのしたことは正当防衛であったとか、そのような主張をしていないことも確かである。しかし、それは当然のことである。伊佐は冤罪報道として『逆転』を執筆したのであるから、事実をありのままに伝えなければ意味がないのである。登場人物4名は無関係だったのではなく、関係した事件で極めて不当な扱いを受けたのである。酔っぱらいの小競り合い程度のものが、殺人事件のように扱われたのである。伊佐はその事実を報道しようとしたのである。ジャーナリストとして真実を伝えようとしたのである。

　問題なのは、このような冤罪報道が必要であるか、ないかではないのだろうか。もしそうであるのならば、必要なのはプライバシーの権利と表現の自由を比較考量する権利の視点以外の視点ではないだろうか。『逆転』という冤罪報道は、我々の社会が民主的であるために必要なものであるかどうか、という共通善の視点ではないだろうか。

　結局、最高裁は以下のように結論づけるのである。

　　　所論は、本件著作は、陪審制度の長所ないし民主的な意義を訴え、当時のアメリカ合衆国の沖縄統治の実態を明らかにしようとすることを目的としたものであり、そのために本件事件ないしは本件裁判の内容を正確に記述する必要があったというが、その目的を考慮しても、本件事件の当事者である被上告人について、その実名を明らかにする必要があったとは解されない。[22]

　何が正しいかの尺度として、個人の平等な権利の保障を優先するのならば、ジャーナリズムの役割も同様となる。つまり無名の一市民として生活していた被上告人の実名を明らかにする必要はない、ということになるだろう。そうなれば最高裁の判決通りである。しかし、コミュニタリアンの立場から共通善を実現するということを前提とするのならば、別の尺度もありうる。ジャーナリズムの役割は、コミュニティの成員を共通善を見出すための熟議ができるように、トランスフォームすることである。つまりコミュニティの成

員に、熟議のための資料とその解説を提供することがジャーナリズムの役割となる。もちろん悪意をもって、個人の権利を侵害するようなことは許されるべきではないが、共通善の実現という目的のためには、個人の権利が常に優先するということにはならないのではないだろうか。

　このようないい方をすると、全体主義のように捉えられてしまうかもしれないが、そうではない。むしろ逆である。共通善の実現のためには、多数決ではなく少数派の価値観をも尊重する熟議を必要とするのである。この最高裁判決は、日本というコミュニティの主流の価値に基づいているといえるだろう。多数派の意見である。一方の伊佐の意見は、沖縄というコミュニティで形成された価値観に基づく、日本では少数派の意見である。

　アメリカの統治下ということをはるか昔の出来事であり、忘却の彼方にあると捉える日本の主流の視点と、今現在もその傷跡を残している沖縄の視点、アメリカ軍という存在を普段意識することのない日本の主流の視点と、常に意識し続けてきた沖縄の視点、そういったものの対立として、この『逆転』事件をみる必要があるのではないだろうか。

　多数派の視点からみれば、『逆転』は無名の一市民の冤罪を描いたものかもしれない。しかし、アメリカ統治下の沖縄というコミュニティの成員の冤罪と捉えた時、そしてその冤罪が、統治者たるアメリカ側から不当に押しつけられたものである場合、ただの無名の一市民の冤罪で済むのだろうか。「公共情報」ではないと断言できるのだろうか。この事実を忘却の彼方にもって行ってしまっていいのだろうか。正確に記録しておく必要はないだろうか。この冤罪報道を伊佐が、個人の権利に優先する「善」と考えたとして、無理だといい切れるだろうか。

　多数派の価値観からのみ判断して、少数派の価値観を無視するのであれば、それは多数決による民主制と同様のものではあるだろうが、熟議によってコンセンサスを形成しようというようなものではない。少なくとも多様な価値観を尊重するものではないし、共通善の実現を目指すものではない。

おわりに

　共通善の倫理学という見地を加えてプライバシー侵害の問題、特に『逆転』事件を再検討してみた。プライバシーの問題を考える時に、共通善も考慮すべきであるとここで主張したところで、すぐに現在の日本の法解釈に影響が現れるなどということはないだろう。そのようなことはよくわかっているつもりである。しかしそれでもなお、共通善の倫理学という視点は無視するべきではないと思っている。それは、ジャーナリズムというもののあり方に密接にかかわってくることだと思うからである。

　『逆転』のように速報性や著名性といった、一般的なニュースの要素を含まない報道が行われることは決して少なくない。じっくりと時間をかけ、世間の人が顧みようとしない社会問題を浮き彫りにすること、それは調査ジャーナリズムといわれるものの特質といえる。

　そのような調査ジャーナリズムの題材は、『逆転』にみられるように過去の事件であって、関わった人物も公人ではない場合が多い。過去の私人の出来事であれば、表現の自由や知る権利と個人の人格権が衝突した場合、後者が優先される可能性は高い。しかしその時必要なのが、権利の倫理学の視点だけとは限らない。そのような報道が、我々社会の成員にとって、共通した意義や必要性があるかどうかという、共通善の倫理学の視点が重要な場合も考えられる。調査ジャーナリズムにとって、権利の倫理学に則らねばならないのか、共通善の倫理学に則ることができるかは、その報道の根本的な存立を左右する問題であるように思える。

　報道と人権の問題であるからといって、権利を中心に考えさえすればいいということに、必ずしもならないのである。もちろん時と場合によるが、プライバシー等の人権の問題を倫理学の問題として、それも共通善の倫理学の問題として捉えていくことが、非常に重要な場合もあるのである。調査ジャーナリズムが存立し続けるべきものであると考えるのならば、徹底的に議論していかねばならない問題であるはずである。プライバシー侵害等に関する倫理学的考察をすること、つまり共通善の倫理学について考えることには以

上のような意義があると考えるのである。

　そのような考え方に則って、本論では『逆転』事件の最高裁判決を共通善の倫理学の視点から検討してみた。既述のように、個人の平等な権利の保障を前提とした法解釈であれば、何ら問題はないのかもしれない。

　しかし、その判断の中には沖縄というコミュニティの価値観は見出されなかった。つまり多数派の価値のみで判断されているのである。共通善の実現という視点から判断するのであれば、少数派の価値も十分に尊重されねばならない。多数決をもって民主的と考えるのか、多様な価値観を尊重する熟議をもって共通善を追究することを民主的と考えるのか。それは今日、社会の多方面において問われている問題である。そうした問題に正面から取り組もうとするのであれば、ジャーナリズムと人権の問題は、新しいアプローチを必要とするのではないだろうか。

---

(1)　Rawls, John (1971 = 2010) *A Theory of Justice.* Cambridge: Harvard University Press. pp.3-4.（川本隆史・福間聡・神島裕子訳『正義論　改訂版』紀伊國屋書店　6 頁。）

(2)　本書全体を通して、「善」は good の訳として使用している。ただし『正義論』の引用文の「利益」は、原文で good が使われている。この部分に限れば利益の方が意味がわかりやすいので、訳書のままにした。

(3)　Rawls, John (1971 = 2010) op. cit., p.450.（川本隆史・福間聡・神島裕子訳　前掲書 591 頁。）

(4)　Ibid., p.31.（同書　44〜45 頁。）

(5)　Ibid., p.560.（同書　736 頁。）

(6)　Christians, Clifford. (2006) "The Case for Communitarian Ethics." In Land, Mitchell & Hornaday, Bill W. (eds.) (2006) *Contemporary Media Ethics.* Spokane: Marquette Books. pp.61-62.

(7)　ibid., p.62.

(8)　Christians, Clifford G., Ferré, John P. & Fackler, P. Mark (1993) *Good News: Social Ethics & the Press.* New York: Oxford University Press. p.73.

(9)　Christians, Clifford G. (2010) "The Ehics of Privacy." In Meyers, Christopher. (ed) (2010) *Journalism Ethics: A Philosophical Approach.* New York: Oxford University Press. p.203.

(10)　Ibid.

(11)　Ibid., pp203-204.

(12) Ibid., pp.204-205.

(13) Ibid.

(14) 『逆転』は、1964（昭和39）年にアメリカ統治下の沖縄で起こったアメリカ兵死傷事件を題材としたノンフィクション作品で、1977（昭和52）年新潮社から出版され、第9回大宅壮一ノンフィクション賞を受賞したものである。題材となったアメリカ兵死傷事件とは、1964年8月当時、職場の同僚であった本章で引用した判決文における被上告人（以下「被上告人」）ら4人の地元青年が、ウィリアムス一等兵とオズボーン伍長という2人のアメリカ兵と、口論の末殴り合いの喧嘩をした後、ウィリアムス一等兵が頭蓋骨骨折により死亡しているのが発見され、もう1人のオズボーン伍長も重傷を負った、というものである。4人は、1964年9月4日、アメリカ兵2人への傷害及び傷害致死で、アメリカ合衆国琉球列島民政府高等裁判所第三大陪審に起訴された。この事件の陪審員であった伊佐は、4人の無罪を主張し、結局オズボーン伍長に対する傷害事件については無罪、ウィリアムス一等兵については、4人の青年の暴行行為と死亡の因果関係があいまいであるとして、傷害についてのみ有罪という評決に導いた。しかし判決は、4人のうち1人が懲役2年執行猶予2年、被上告人を含む残りの3人が、懲役3年の実刑と、伊佐の予想に反する重い判決となった。

伊佐は、この体験を『逆転』というノンフィクション作品として1977年8月20日に新潮社から刊行した。この『逆転』の登場人物の名前は、名前が不明のアメリカ兵1人と陪審員以外は、全員実名を使用した。そのため、有罪判決を受けた4人の承諾をえようとしたが、4人のうち1人は既に死亡しており、2人からは承諾をえたが、被上告人だけ行方がわからないまま本人の許可なく実名を使用した。被上告人は、服役後、1966（昭和41）年に東京に移住し、バスの運転手として働き、結婚もして平穏な生活を送っていたが、アメリカ兵死傷事件は沖縄以外では報道されていなかったこともあって、就職先にも、妻にも、前科等は隠していた。

1978（昭和53）年8月、NHKが『逆転』をテレビドラマ化するため、被上告人を呼び出したため、初めて被上告人は自分の実名が『逆転』に使用されていることを知った。前科が職場や妻に知られ、職を失ったり、離婚されることを恐れた被上告人は、まずNHKを相手取りテレビ放映禁止の仮処分申請を行い、仮名を用いることで和解した。被上告人は、さらに伊佐の『逆転』での実名使用が、一連の出来事に巻き込まれた原因であり、それまで被上告人の前科を知らなかった多くの人々に、その事実を知られるに至ったことで、多大な精神的苦痛を蒙ったとして、300万円の慰謝料を請求する訴えを提起した。

(15) 大石泰彦（2004）『メディアの法と倫理』嵯峨野書院　124〜125頁。

(16) 駒村圭吾（2001）『ジャーナリズムの法理―表現の自由の公共的使用―』嵯峨野書院　219頁。

(17) 山田健太（2010）『法とジャーナリズム　第2版』学陽書房　402頁。

(18) 奥平康弘（1997）『ジャーナリズムと法』新世社　217〜218頁。

(19) 最小三判平 6・2・8 民集 48 巻 2 号 152〜154 頁。
(20) 同書 163〜164 頁。
(21) 同書 155〜156 頁。
(22) 同書 154〜155 頁。

第**6**章

少年犯罪報道

——「成長発達権」を手掛かりとして

はじめに

少年法 61 条は「家庭裁判所の審判に付された少年又は少年のとき犯した罪により公訴を提起された者については、氏名、年齢、職業、住居、容ぼう等によりその者が当該事件の本人であることを推知することができるような記事又は写真を新聞紙その他の出版物に掲載してはならない」と規定している。しかし禁止規定であるにも関わらず、罰則は設けられていない。憲法 21 条の表現の自由を尊重する趣旨から、報道機関の自主性に任せられているのである。それがゆえに、後述するように報道機関は、この 61 条に反するような報道を繰り返してきた。自主性に任せられているのだから、「それが当然」といえないこともない。しかし、インターネット等が発達した今日においては、たとえ地方紙 1 紙が実名報道をしただけでも、情報はある意味で世界中を駆け巡り、61 条は全く意味のないものとなる。しかしそうなったところで、何のお咎めもない。あくまでも倫理観に任されている。

本章はこの点に注目している。

つまり少年法 61 条は罰則のない規定であるから、その問題は法解釈的な問題ではなく倫理学的な問題なのだ、ということができる点にである。ゆえに、少年法 61 条並びに少年犯罪報道に関する問題は、法解釈の問題ではな

く極めて倫理学的な問題、特にジャーナリストの行為規範の問題である、と考えることができるのである。

　本章ではまず、少年犯罪を実名で報道する側の論理を確認する。次に、少年犯罪の匿名報道の主張の中でも成長発達権という考え方を検討して、権利を中心とした視点について述べる。続いて、対立軸[1]ともいえる共通善を中心とした考え方を検討する。そうすることによって、少年犯罪報道におけるジャーナリストの行為規範について考察する。

1. 実名報道の論理

　1958（昭和33）年9月、小松川事件[2]という凶悪な少年犯罪が発生した。この事件の犯人逮捕時、実名報道と匿名報道で各紙の扱いは分かれてしまった。それまででも、少年法61条への対応の仕方は各紙によって異なっていたが、小松川事件のような凶悪な事件はなく、罰則規定がないこともあって大きな問題になるには至っていなかった。

　しかしこの事件では、全国主要紙70社のうち35社が匿名で報道したが、実名で報道した社も35社で真っ二つに割れてしまった。例えば、『朝日新聞』『毎日新聞』『読売新聞』の全国紙3紙の場合は、匿名で報道したのは『朝日新聞』だけだった。その『朝日新聞』でさえも、犯人の少年の住所と通っていた高校名が掲載されていた。『毎日新聞』と『読売新聞』は実名で報道したばかりでなく、写真や住所を掲載し通っていた高校名も載せている。さらに『毎日新聞』は、本人の写真ばかりでなく家族の写真まで掲載している。

　たった1社だけでも実名報道してしまえば、他社の匿名報道の意味は減殺されてしまう。まして法律の明文規定を無意味にしてしまうものであれば、報道機関の信頼にも関わる。現にこの時「法務当局が、六十一条が無視されるようでは罰則を設けて取り締まることも考えざるをえない[3]」とほのめかした。旧少年法は罰則規定を置いていたことから、日本新聞協会は、このような状況が少年法61条に罰則規定を設ける口実となることを恐れた。そこ

で、法務省人権擁護局長主催の法務省・最高裁判所家庭局・新聞社側との座談会、日本新聞協会主催の各社社会部長を含めた法制研究会、全国新聞編集責任者懇談会等で、少年法61条問題を論議することとなった。

　こうした論議の中で浮き彫りになった少年犯罪を実名で報道する論理は、主に四つのものがある[4]。

　第1に、事件の特異性を根拠としたものである。つまり、多くの人々の注目を集めるようなニュース・バリューの非常に高い事件は、詳細を報道するべきではないか、ということである。小松川事件の場合は、所謂「劇場型犯罪」であった。犯人が新聞社や警察に電話をかけたり手紙を出したりしたことによって、世間からは極めて高い関心が集まった。このような推理小説的な興味や異常性が絡んだ凶悪犯罪の場合には、世間の人々は犯人個人に対して非常に高い関心を持つ。そのため、犯人個人の情報はこのような犯罪の報道において必須のものであり、犯人の実名はその中心をなすものである。そのため、少年法61条の対象外としてもいいのではないか、ということである。

　第2に、地域社会においては犯人は推知されてしまう、という匿名報道の限界を根拠としたものである。つまり、いくら本人を推知できないように報道したところで、警察が逮捕しに来たりすれば犯人はわかってしまう。なまじ隠したりすると憶測が飛び交い、場合によっては関係ない人物が疑われることにもつながり、魔女狩りのような状況になりかねない、ということである。小松川事件の場合、逮捕の時点では犯人の居住する地域では周知の事実となっていた。現在であればネット上に実名から顔写真まで、いろいろな情報が拡散していたと思われる。そのような状況で匿名報道をしたところで意味がない、ということである。

　第3に、犯罪発生の予防を根拠としたものである。つまり、どのような環境で生まれ育った人物が、どのような理由によって、どのように犯罪に至ったか、という犯罪のバックグラウンドを報道することが同様の犯罪の予防につながる、ということである。小松川事件の場合、犯人は所謂「マイノリティ」に属しており、その点にかなり注目が集まった。事件の背景として犯人の人となりが関わってくる場合、それを伝えることが次なる悲劇の予防に

なる、ということである。

　第４に、事件の凶悪さを根拠としたものである。つまり、凶悪な犯行を
犯せば犯人は少年であっても、家庭裁判所から刑事処分が相当として検察官
に送致され、少年法上の保護処分ではなくなる。つまり、少年法 61 条は関
係なくなるのだからそもそも匿名報道にする理由がない、ということである。
小松川事件の場合、実際に犯人は死刑になってしまった。死刑になるような
凶悪犯罪を犯した犯人の場合、将来の更生などありえないわけだから少年法
61 条に従って報道する意味がない、ということである。

　ただし、日本新聞協会はこの時論議された結果をまとめ、以上のような意
見は出たものの結論としては氏名を掲載するべきではなかったとし、1958
（昭和 33）年 12 月に以下のような方針を決めた。

　新聞協会の少年法第六十一条の扱いの方針

　　少年法第六十一条は、未成熟な少年を保護し、その将来の更生を可能
　にするためのものであるから、新聞は少年たちの“親”の立場に立って、
　法の精神を実せんすべきである。罰則がつけられていないのは、新聞の
　自主的規制に待とうとの趣旨によるものなので、新聞はいっそう社会的
　責任を痛感しなければならない。すなわち、二十歳未満の非行少年の氏
　名、写真などは、紙面に掲載すべきではない。ただし
　1. 逃走中で、放火、殺人など凶悪な累犯が明白に予想される場合
　2. 指名手配中の犯人捜査に協力する場合
　など、少年保護よりも社会的利益の擁護が強く優先する特殊な場合につ
　いては、氏名、写真の掲載を認める除外例とするよう当局に要望し、か
　つこれを新聞界の慣行として確立したい。

　この「少年法第六十一条の扱いの方針」は、その後何の修正も加えられる
ことなく今日に至っている。日本新聞協会は、全ての報道機関が加盟してい
るわけではない。しかし、この方針は、放送キー局と準キー局を含む主要新
聞社加盟団体の公式発表という形式をとったものである。この方針が、日本

の報道機関に対して大きな意味を持つことは間違いない。しかし、そのような大原則があるにも関わらず、この1958年から現在に至るまで少年法61条に関係する報道上の問題が起きなかったかといえば、むしろその逆である。これまでに、何らかの問題が指摘された少年犯罪報道は数え切れないほど存在するのである[5]。

　その理由は、憲法21条との関係を問題視する考え方が、報道機関や研究者の間に存在するからである[6]。例えば、警察や裁判所が少年犯罪に関して守秘義務を持つということならば、そうした機関から入手した情報は規制されるかもしれない。しかし、独自に入手した情報を公表するかしないかまでに規制が及ぶとすれば、表現の自由に反しはしないか、ということである。または、刑法230条の2等で、犯罪報道には公益性があると認められている。そうであれば犯罪者が少年であっても同様なはずである。犯罪者が未成年という理由だけで報道を規制してしまうのは違憲ではないのか、ということである。何よりも日本新聞協会自体が「少年法第六十一条の扱いの方針」の中に、例外を設けてしまっており、表現の自由との関係に問題があると思っているようにみえる。

　何れにせよ、少年法61条は問題を抱えたまま現在に至っているのである。

2. 成長発達権と権利の視点

　少年犯罪の実名報道を否定する見解として、少年法61条が、憲法13条の幸福追求権を根拠として保障される基本的人権の一つである成長発達権を守るための規定である、とする解釈がある[7]。少年犯罪を実名報道すべきか、匿名報道にすべきか、という問題を権利を中心に考える視点である。

　例えば、「長良川リンチ殺人事件報道訴訟」の第2審[8]では次のように主張されている。

　　（一）少年に関する犯罪報道等において実名で報道されないという少年
　　法61条により保護されている法益、すなわち、少年の名誉、プライバ

シー等の人格権は、憲法13条に定める個人の尊厳と人格の尊重の原理に基づくものである。……

（二）さらに、罪を問われる少年については、成長の途上にあって可塑性に富み、教育可能性が大きいために、個別的処遇によって、その人間的成長を保障しようとする理念（少年法1条「健全育成の理念」）のもとに、将来の更生を援助促進するため、社会の偏見、差別から保護し（少年審判の非公開、非公表原則）、その名誉やプライバシーを特に手厚く保護される権利が認められている。……

（三）……少年のプライバシーに関する権利は、基本的人権の一つとして、わが国を含めた国際規範において、既に確立された権利である。

　少年法61条も、右の国際規範に沿うものであり、少年法1条の健全育成とそのための個別処遇の基本理念に基づき少年の更生、人格の成長の権利を保障するため、その名誉やプライバシーに関する権利を保障する目的のもとに規定されているのである。すなわち、少年には、名誉やプライバシーを特に保護される権利が認められているのであり、その基本的人権を保障する一環として、その権利を守る目的で少年法61条の規定が存在するのである。

（四）右のような少年法61条の規定の目的に照らせば、同条に違反する報道記事は、公益目的及び真実性が証明されただけでは違法性が阻却されず、免責されるためには、少年のプライバシー等の権利を守る利益よりも明らかに優先する社会的利益があるという特別の事情が存在する事が必要である。

　つまりこの主張は、まず少年法61条の規定の根拠が、憲法13条に規定されている少年の人格権である、とする。その理由として、少年法はその1条で「この法律は、少年の健全な育成を期し、非行のある少年に対して性格の矯正及び環境の調整に関する保護処分を行うとともに、少年及び少年の福祉を害する成人の刑事事件について特別の措置を講ずることを目的とする」としており、少年の健全な育成のために、可塑性と教育可能性に富んだ少年を個別処遇により成長発達させることを保障している、とする。そのために

は、罪に問われている少年に対しては将来の更生を援助促進するために、社会の偏見等から保護するため特に手厚く保護される権利が認められている、ということである。そうしたことを具体的に規定したものが少年法の61条であるから、この規定は基本的人権を守るためのものである。それゆえただ単に、表現の自由を理由に侵害することは許されず、少年の人格権に優先する何か特別な法益が存在することを証明する必要がある、ということである。

　この主張を受けて少年法61条を以下のように位置づけている。

　　過ちを犯した少年が、自己の非行を反省し、他の者の人権及び基本的自由を尊重する規範意識を涵養するため、更生の道を進み、社会復帰を果たすことは、このような権利の具体的行使であるとともにその責務であるが、大人（成年者）及び社会には、少年が非行を克服し、社会に復帰し及び社会において建設的な役割を担うことが促進されるようにするため、環境の整備を初めとする適切な援助をすることが期待、要請されているのである。

　　少年事件の加害者を特定する犯罪報道が、それによる社会的偏見により少年のその後における更生の妨げとなること（ラベリングの弊害）は見やすい道理であるから、……報道が少年の地域社会での更生の妨げになるラベリングの弊害を避けるよう努めるべきは当然であり、そこで、少年法61条は、実名（実名が表示されていなくても、報道内容等から人物を特定できる場合を含む。）等の推知報道を禁止したものと考えるべきである。

　　少年法61条は、右のような理解の下に、報道の規制により、成長発達過程にあり、健全に成長するためにより配慮した取扱いを受けるという基本的人権を保護し、併せて、少年の名誉権、プライバシーの権利の保護を図っているものと解するのが相当である。

　つまり、先の主張を肯定し、過ちを犯した少年に対しては、積極的に社会復帰のための支援をする責務が大人達に求められる、とするのである。そうであるとするならば、犯罪報道が社会的偏見を広めて過ちを犯した少年の社

会復帰を妨げることは明白なことだから、少年法 61 条がその対策のために
おかれていると考えるべきである、と解釈するのである。そうすると、過ち
を犯した成長発達過程にある少年に対して報道の規制により、健全に成長す
るためにより配慮した取扱いを受けるという基本的人権を保護する必要があ
る、とする。そしてそのために少年法 61 条はあるとするのである。

　以上のような少年の基本的人権が成長発達権の具体的な内容であり、少年
法 61 条の位置づけである。

　しかし成長発達権に否定的な解釈も存在する。「堺通り魔殺人事件名誉毀
損訴訟」の第 2 審[9]では、以下のように判断している。

　　　少年法 61 条が、新聞紙その他の出版物の発行者に対して実名報道等
　　を禁じていることによって、その報道の対象となる当該少年については
　　社会生活上特別保護されるべき事情がある場合に当たることになるとい
　　えるにしても、そもそも同条は、右のとおり公益目的や刑事政策的配慮
　　に根拠を置く規定なのであるから、同条が少年時に罪を犯した少年に対
　　し実名で報道されない権利を付与していると解することはできないし、
　　仮に実名で報道されない権利を付与しているものと解する余地があると
　　しても、少年法がその違反者に対して何らの罰則も規定していないこと
　　にもかんがみると、表現の自由との関係において、同条が当然に優先す
　　るものと解することもできない。

つまり成長発達権というような基本的人権が、少年に保障されているとい
うことに否定的であり、もしそのような権利が保障されているとしても、当
然のように表現の自由を理由に侵害することは許されず、少年の人格権に優
先する何か特別な法益が存在することを証明する必要がある、ということに
はならないとしているのである。それどころか、この判決では、61 条に罰
則規定がないことを考えれば、むしろ表現の自由を規制してまでも少年の人
格権を優先しなければならない特別な法益を証明すべき、ということになる。

　少年の健全な育成は社会にとっても必要なことであるから、成長発達権の
考え方には評価すべき点も少なくない。しかし、成長発達権を基本的人権の

一つと考えるとなると、その根拠が憲法のどの規定であるかが問題になる。例えば、憲法13条の幸福追求権を根拠とするならば、少年は公共の福祉に反しない限り個人として自由に成長する権利を持つ、ということになる。しかしそうなると、自由権的基本権ということになり少年法の理念と矛盾することになる。少年法の「健全な育成」は教育基本法等と通じる国の政策に沿ったものであって、他人の迷惑にならない限り放っておいて勝手に成長させる、というようなものではない。また、憲法25条の生存権や26条の教育を受ける権利を根拠とする、ということも考えられる。しかしこの場合は、社会権的基本権ということになり少年は少年法上の保護処分を請求する権利がある、ということになる。そうなると少年はどのような凶悪な犯罪を犯そうとも保護処分を請求できることになり、「死刑、懲役又は禁錮にあたる罪の事件について、調査の結果、その罪責及び情状に照らして刑事処分を相当と認めるときは、決定をもって、これを管轄地方裁判所に対応する検察庁の検察官に送致しなければならない」という少年法20条1項の規定が違憲となりかねず、この場合も少年法と矛盾する。

　少年法61条は少年法の理念に基づいて、罪に問われた少年の更生の障害となる少年犯罪報道を規制しようとするものである。その目的自体は必ずしも否定されるべきものではない。しかし、憲法21条を根拠にその意義を失わされないように、少年法61条を成長発達権という基本的人権の保障のための規定とする法解釈は、かえって少年法と矛盾してしまう、という問題を抱えているのである。

3. 少年犯罪と共通善の倫理学

　少年犯罪報道を権利の問題として考えるのではなく、共通善の問題として考えることも可能である。

　その理由として以下の3点が考えられる。

　第1に、犯罪報道が「公共の利害」に関わるかどうかの判断は、共通善を基準として倫理学的に判断されるべきであるということである。

刑法230条の2の2項で「公訴が提起されるに至っていない人の犯罪行為に関する事実は、公共の利害に関する事実とみなす」とされており、犯罪報道が人格権侵害等を免責される理由は、それが公共の利害に関わるものだから、とされている。このように、日本の基本的人権に関わる規定には、公共の利害や公共の福祉という文言が、その侵害等の基準として使われている。

　そうした基準の基本となっている規定が、憲法12条の「この憲法が国民に保障する自由及び権利は、国民の不断の努力によって、これを保持しなければならない。又、国民は、これを濫用してはならないのであって、常に公共の福祉のためにこれを利用する責任を負う」という規定である。この規定の公共の福祉はPublic Welfareと英訳される。しかし、この日本国憲法の所謂マッカーサー草案では、12条にあたる規定である同草案11条で「この憲法の宣明する自由、権利、および機会は、国民の不断の警戒によって保持されるとともに、国民の側においてもその濫用を防止し、常に公共の福祉のためにこれを利用する義務を抱合するものである[10]」と規定されていた。現行憲法と同様に公共の福祉という文言が使われている。しかし原語は、Common Goodすなわち共通善となっている。日本国憲法の公共の福祉は元をたどれば、共通善と同義だったのである。つまりある犯罪報道が公共の利害に関わるかどうかの判断は、権利が基準になるのではなく共通善が基準になるということである。

　第2に、成長発達権に繋がる少年法の理念の「少年の健全な育成」とは何かを考える場合、やはり中心となるのは共通善を基準とした倫理学的な検討ではないか、ということである。

　既述の通り少年法は、その基本的な目的を「少年の健全な育成」とする。しかし少年法は、1条以外に法の目的等の記述がない。そこで、なぜ「少年の健全な育成」を目的にするのかの意味を考える上では、類似した規定もみてみる必要がある。児童福祉法1条1項は、「すべて国民は、児童が心身ともに健やかに生まれ、且つ、育成されるよう努めなければならない」としており、さらに2条は、「国及び地方公共団体は、児童の保護者とともに、児童を心身ともに健やかに育成する責任を負う」としている。これをうけて3条は、「前二条に規定するところは、児童の福祉を保障するための原理」で

あると規定している。少年法の「健全な育成」も、児童福祉法の「健やかに育成」も、同じ意味であろうから、少年の「健全な育成」とは、少年の「福祉を保障するための原理」であると考えられる。ではなぜ少年の「健全な育成」によって少年の「福祉」を目指さなければならないのか。

　教育基本法1条は、「教育は、人格の完成を目指し、平和で民主的な国家及び社会の形成者として必要な資質を備えた心身ともに健康な国民の育成を期して行われなければならない」と規定している。教育基本法の「心身ともに健康な国民の育成」と少年法の「健全な育成」は同義であろう。教育基本法は、「平和で民主的な国家及び社会の形成者」と「心身ともに健康な国民」を同等に扱っている。その点を考え合わせると、少年法の「健全な育成」による「福祉」とは、ある一人の少年の幸福という意味ではない。「公共の福祉」と両立するような幸福であると考えるべきである。少年の非行はこのような「福祉」が損なわれる原因となるから、少年法上の保護処分が必要なのである。つまり、保護処分によって保護される少年の利益とは、社会的な利益と両立する利益ということであって、成長発達権というような個人の権利として考えるべきものではなく、共通善として捉えられるべきものである。

　つまり「少年の健全な育成」とは何かの判断は、権利が基準になるのではなく共通善が基準になるということである。

　第3に、表現の自由と少年法の理念が対立する事例自体が、共通善を基準とした検討を必要とする事例ではないのか、ということである。

　憲法21条は表現の自由を保障している。それに対して少年法61条は少年犯罪の容疑者等を推知することができるような報道を禁止している。憲法で表現の自由を保障している以上、少年法61条で報道が規制されるのはかなり例外的な場合となるはずである。61条に罰則がないことからみてもそのことは明白である。しかし、少年法の理念から考えた時、例え憲法解釈上は表現の自由が優先されるとしても、報道を差し控えるべき時はあるように思われる。例えば、社会的に注目を集めた事件の犯人であっても、まだ十分に更生の余地があると判断された場合、そこで必要な視点は、表現の自由と少年法の理念とどちらが優越するかとか、その事件にどれだけニュースとし

ての訴求力があるのか、というような点だけでいいのだろうか。該当する少年の更生を考えることがどれだけ共通善にかなうか、というような点も必要なのではないだろうか。表現の自由や知る権利は我々にとって多くの場合善であろう。しかし、おそらく社会的な利益としての少年保護というものも善である。どちらがどのような場合に優越し、共通善となるのかを考えなければならないのではないだろうか。つまり、そもそも表現の自由と少年犯罪報道という問題は、権利や法解釈の問題ではなく、共通善を中心とした倫理学的な問題なのではないか、ということである。

おわりに

少年法の理念は、「少年の健全な育成」である。その理念に沿って、少年法61条は「家庭裁判所の審判に付された少年又は少年のとき犯した罪により公訴を提起された者については、……当該事件の本人であることを推知することができるような」報道を禁止している。しかし憲法21条の表現の自由を尊重する趣旨から罰則規定がないため、少年法61条は倫理規定となっている。

そのため、実際に少年犯罪報道を実名にするか匿名にするか等の判断は、報道機関の自主性に任せられているのである。そこで非常に凶悪であったり、世間の注目を集めたりする少年犯罪が起こると、なぜ報道するかの理由が不明確になり、周囲の雰囲気に左右されてしまう場合が出てくる。少年法の理念を重要視する立場を取るとこのような状況は望ましいものではない。

そこで、表現の自由という基本的人権に対抗できる法的概念としての成長発達権、すなわち名古屋高等裁判所によれば「罪を問われた少年については、個別処遇によって、その人間的成長を保障しようとする理念（少年法1条「健全育成の理念」）のもとに、将来の更生を援助促進するため、社会の偏見、差別から保護し、さらに、環境の不十分性やその他の条件の不充足等から誤った失敗に陥った状況から抜け出すため、自己の問題状況を克服し、新たに成長発達の道を進むことを保障し、さらに、少年が社会に復帰及び社会に

おいて建設的な役割を担うことが促進されるように配慮した方法により取り扱われる」権利というものが、主張されるようになった。この権利は、過ちを犯した少年に対して積極的に社会復帰のための支援をする責務が大人達に求められる、ということを前提とした権利である。そうであるとするならば、犯罪報道が社会的偏見を広めて過ちを犯した少年の社会復帰を妨げることは明白なことだから、少年法61条がその対策のためにおかれていると考えるべきである、と解釈するのである。そうすると、成長発達過程にある過ちを犯した少年に対して報道の規制により、健全に成長するためにより配慮した取扱いを受けるという基本的人権を保護する必要があり、そのために少年法61条はあるとするのである。

しかし成長発達権を基本的人権とする法解釈は、少年法61条が少年犯罪報道を規制しても憲法21条に反する違憲の規定、ということにならないように憲法的根拠をもたせようという意図から出てきた、という背景がある。当然のことながら表現の自由を重視する立場からは異論が唱えられる。

何よりも成長発達権の考え方は、倫理規定である少年法61条の基盤を権利に置こうという考え方である。換言すれば、成長発達権と表現の自由のどちらの基本的人権を優先させるのが善であるかを考える、権利の倫理学である。

権利を中心とした倫理学に対しては、批判的な考え方も存在する。成長発達権は基本的人権にはなじまない。むしろ共通善の問題として考えるべきである。少年の健全な育成とは成長発達権というような形で、個人が権利として要求するものではなく、来るべき将来のコミュニティを担う存在を育成するという意味で、コミュニティの成員が共通善として求めていくべきものではないだろうか、という考え方である。

少年犯罪報道の問題は、法解釈的な問題だけではなく倫理学的な問題が伴う。ゆえにジャーナリストは、表現の自由対成長発達権というような権利のみに注目する立場の他にも、共通善を追求する立場があることを認識すべきである。つまりジャーナリストは、成長発達権の考え方をよく理解した上で、表現の自由の対立概念として扱うのではなく、双方とも共通善のためのものとして考え、どちらを優先した方が共通善にかなうかを判断して報道するか、

場合によっては、その判断をコミュニティの成員の熟議に委ねるような報道
をする，という立場もとりうるのではないだろうか。

　＊本章は「科学研究費助成事業（学術研究助成基金助成金）：『新しい』専門職の
職業倫理：理論と実践の架橋を目指す領域横断型研究（研究種目：基盤研究（B）
一般　研究課題番号：25284001：2013 年 4 月 1 日～2016 年 3 月 31 日」による成
果の一部である。

---

(1)　権利の倫理学と共通善の倫理学の基本的な考え方については、第 5 章参照。
(2)　東京都江戸川区の東京都立小松川高等学校に通う女子生徒が、同高校の屋上におい
て腐乱死体で発見された殺人事件で、新聞社や警察署に同女子生徒を殺害したとい
う男から、犯行声明のような電話が来たり、犯人から被害者宅や警察に遺品が郵送
されたりしたため注目を集める事件となった。しかし、逮捕された犯人は同じ高校
へ通う男子生徒の少年であったため、報道機関は難しい対応を迫られることとなり、
少年法 61 条の扱いに関して大きな影響を与える事件となった。
(3)　日本新聞協会編集部（1990）『取材と報道　新聞編集の基準〔改訂 2 版〕』日本新聞
協会　32 頁。
(4)　小松川事件を切っ掛けとした論議に関しては、前田雄二（1959）『少年犯罪者の氏
名写真の扱い』『新聞研究』91　4～9 頁参照。
(5)　小松川事件によって統一されたかにみえた少年法 61 条の扱い方であったが、すぐ
にまた問題が起こった。1960（昭和 35）年には、NHK によって全国中継されてい
た自民、社会、民社 3 党首演説会において浅沼稲次郎社会党委員長が、17 歳の右
翼少年に刺殺された浅沼事件が起き、1961（昭和 36）年には、天皇一家が処刑さ
れる場面がある小説『風流夢譚』を掲載した中央公論社の嶋中社長邸に、右翼少年
が忍び込み家人等を殺傷した嶋中事件が起きた。両事件でも結局報道各社の扱いは
実名匿名で分かれてしまった。1970 年代は比較的大きな問題はなかったが、1988
（昭和 63）年には乗用車に乗っていた男女が暴走族グループの少年等に襲われた名
古屋アベック殺人事件、有名漫才師の未成年の息子が酒に酔ってタクシー運転手に
暴行し重傷を負わせた事件等が起き、翌 1989（平成元）年には、アルバイトから
帰宅途中の女子高生が、起訴された 4 人の少年のうちの 1 人の自宅に 1 カ月余り監
禁され、暴行を受けて死亡したが、4 人はその死体をドラム缶にコンクリート詰め
にして東京湾に捨てたという、女子高生コンクリート詰め殺人事件が起きる等、再
び報道の仕方が問題となる事件が続いた。その後も神戸連続児童殺傷事件の報道等
が問題となった。そうした事件が起こる度に、実名報道か匿名報道かの議論は起こ

ったが、61 条の扱い方の根本的な見直しが行われることはなかった。

(6) 田島泰彦、新倉修編（1999）『少年事件報道と法―表現の自由と少年の人権』日本評論社、松井茂記（2000）『少年事件の実名報道は許されないのか［少年法と表現の自由］』日本評論社参照。

(7) 子供の人権と少年法に関する特別委員会／子供の権利に関する委員会編（2002）『少年事件報道と子供の成長発達権―少年の実名・推知報道を考える』現代人文社参照。

(8) 名古屋高判平 12・6・29（判時 1736 号　35 頁）。
　　長良川リンチ殺人事件とは、1994（平成 6）年に大阪、愛知、岐阜の三府県で発生した少年のグループによるリンチ殺人事件の中の一つで、この一連の事件の主犯格 3 人が長良川の河川敷で、2 人の男性を鉄パイプなどで執拗に暴行した上で殺害した事件である。この事件の裁判が名古屋地方裁判所で係属中に、1997（平成 9）年 7 月 31 日発売の『週刊文春』は、この裁判の被告等について、仮名を用いて、法廷の様子、犯行の態様、経歴や交友関係等を記載した。長良川リンチ殺人事件報道訴訟は、殺人、強盗殺人、死体遺棄等の四つの事件で起訴された主犯格 3 人のうちの 1 人が、『週刊文春』を相手取って、少年法 61 条の禁止する推知報道にあたる記事によって、名誉を毀損され、プライバシーを侵害されたとして提起した訴訟である。

(9) 大阪高判平 12・2・29（判時 1710 号　121 頁）。
　　堺通り魔殺人事件とは、1998（平成 10）年 1 月、大阪府堺市の路上で上半身裸になった当時 19 歳の無職男性が、女子高校生や路上で幼稚園の送迎バスを待っていた女児と母親の背中を刺し、女児は死亡、女子高生と母親は重傷を負った事件で、男性は堺南署に現行犯逮捕された。男性はシンナー中毒で、事件当日も吸引して幻覚状態に陥っていた。同年 2 月 18 日発売の『新潮 45』3 月号は、少年の生い立ちから犯行に至る経緯、家族関係に加え、中学校卒業時の顔写真並びに実名を掲載した。堺通り魔殺人事件名誉毀損訴訟は、少年側が、同誌を発行した新潮社、同誌編集長、記事執筆者に対して、プライバシー権、氏名肖像権、名誉権等の人格権ないし実名で報道されない権利の侵害で提起した訴訟である。

(10) マッカーサー草案の 11 条の原文は以下の通りである。
Article XI.
The freedoms, rights and opportunities enunciated by this Constitution are maintained by the eternal vigilance of the people and involve an obligation on the part of the people to prevent their abuse and to employ them always for the common good.
　　なお訳は渡邊銕藏（1950）『占領軍総司令官マッカーサー元帥の英文日本国憲法原案』9 頁。

第7章

「極化」現象

──ヘイト・スピーチを手掛かりとして

はじめに

　所謂嫌中嫌韓本ブームは、2005（平成17）年夏に発刊されシリーズで累計100万部を売った『マンガ嫌韓流』が、その発端といわれる。竹島、従軍慰安婦、尖閣諸島国有地化等の諸問題での、中国・韓国の反日感情の高まりにより、両国と日本との関係が冷え込み、日本の側にも嫌中嫌韓の気運が高まったということがその背景にある。そうした流れの中で、一部の人々やメディアにも極化の傾向がみられるようになった。その傾向の典型といえるのが、ある特定の民族やマイノリティ等を嫌悪表現を使って誹謗中傷する、所謂ヘイト・スピーチだろう。

　倫理的なジャーナリズムとは、世の中の出来事の真実を伝えるもの、といって差し支えはないだろう。そうであるとすれば、世の中が極化していてヘイト・スピーチが横行しているのであれば、そのことをそのまま伝えなければならない、ということになる。つまり、ヘイト・スピーチが街中で行われていたとすれば、それをそのまま伝えるのが倫理的なジャーナリズム、ということになる。果たしてそれでいいのだろうか。

　本章はこのような疑問に端を発するものである。

1. 国連人種差別撤廃委員会とヘイト・スピーチの法規制

　ヘイト・スピーチは対象者に対する危害となりうる一方で、明確な定義を設けずに法規制すれば、憲法21条で保障された表現の自由に反する法規定となりうる[(1)]。ヘイト・スピーチの法的規制に対して消極的な意見も多かった日本で、ヘイト・スピーチへの法的対策を促した原因の一つが、「あらゆる形態の人種差別の撤廃に関する国際条約（以下「人種差別撤廃条約」とする)」である。その4条ではヘイト・スピーチ等を以下のように規定している。

　　　締約国は、一の人種の優越性若しくは一の皮膚の色若しくは種族的出身の人の集団の優越性の思想若しくは理論に基づくあらゆる宣伝及び団体又は人種的憎悪及び人種差別（形態のいかんを問わない。）を正当化し若しくは助長することを企てるあらゆる宣伝及び団体を非難し、また、このような差別のあらゆる扇動又は行為を根絶することを目的とする迅速かつ積極的な措置をとることを約束する。このため、締約国は、世界人権宣言に具現された原則及び次条に明示的に定める権利に十分な考慮を払って、特に次のことを行う。
　　　(a) 人種的優越又は憎悪に基づく思想のあらゆる流布、人種差別の扇動、いかなる人種若しくは皮膚の色若しくは種族的出身を異にする人の集団に対するものであるかを問わずすべての暴力行為又はその行為の扇動及び人種主義に基づく活動に対する資金援助を含むいかなる援助の提供も、法律で処罰すべき犯罪であることを宣言すること。
　　　(b) 人種差別を助長し及び扇動する団体及び組織的宣伝活動その他のすべての宣伝活動を違法であるとして禁止するものとし、このような団体又は活動への参加が法律で処罰すべき犯罪であることを認めること。[(2)]

　この「人種差別撤廃条約」の順守状況を監視する国連人種差別撤廃委員会

が、2014（平成26）年8月に日本の審査を行った。その結果、日本政府に対する「最終見解」が公表されたが、その中でヘイト・スピーチに関わるものは次のようなものである。

　　委員会は、条約第4条（a）及び（b）に関する締約国の留保の撤回あるいは範囲の縮小のための委員会の勧告に関する、締約国の立場及び提供された理由に留意するものの、留保を維持するとする締約国の決定を遺憾に思う。委員会は、人種差別的思想の流布あるいは表現が、刑法上の名誉毀損及び他の犯罪を構成し得ることに留意するものの、締約国の法制が条約第4条の全ての規定を完全に遵守していないことを懸念する。
　　委員会は、締約国に対し、その立場を再び見直し、第4条（a）及び（b）に対する留保の撤回を検討することを奨励する。……委員会は、締約国が、第4条の規定を実施するために、法の改正、とりわけ刑法を改正するための適切な措置をとることを勧告する。[(3)]

　日本は1995（平成7）年に「人種差別撤廃条約」に加盟した。条約の4条に従えば、ヘイト・スピーチは「法律で処罰すべき犯罪」である。しかし日本は、憲法21条の表現の自由を理由にヘイト・スピーチに対する法規制を留保していた。「最終見解」は、そのことに対して「遺憾」の意を示し、法規制を設けるように勧告したのである。
　さらにヘイト・スピーチに関しては以下のように続く。

　　委員会は、締約国内において、外国人やマイノリティ、とりわけ韓国・朝鮮人に対し、人種差別的デモ・集会を行う右翼運動や団体により、差し迫った暴力の扇動を含むヘイトスピーチが広がっているという報告を懸念する。また、委員会は公人や政治家による発言がヘイトスピーチや憎悪の扇動になっているという報告にも懸念する。委員会は、ヘイトスピーチの広がりや、デモ・集会やインターネットを含むメディアにおける人種差別的暴力と憎悪の扇動の広がりについて懸念する。さらに、委員会は、これらの行動が必ずしも適切に捜査及び起訴されていないこ

とを懸念する。

　……委員会は、人種差別的スピーチを監視し対処する措置は、抗議の表現を奪う口実として使われるべきではないことを想起する。しかしながら、委員会は、締約国に人種差別的ヘイトスピーチやヘイトクライムから保護する必要のある社会的弱者の権利を擁護する重要性を喚起する。それゆえ、委員会は、締約国に以下の適切な措置をとるよう勧告する。
（a）憎悪及び人種差別の表明、デモ・集会における人種差別的暴力及び憎悪の扇動にしっかりと対処すること。
（b）インターネットを含むメディアにおいて、ヘイトスピーチに対処する適切な措置をとること。
（c）そのような行動について責任ある個人や団体を捜査し、必要な場合には、起訴すること。
（d）ヘイトスピーチを広めたり、憎悪を扇動した公人や政治家に対して適切な制裁措置をとることを追求すること。
（e）人種差別につながる偏見に対処し、また国家間及び人種的あるいは民族的団体間の理解、寛容、友情を促進するため、人種差別的ヘイトスピーチの原因に対処し、教授法、教育、文化及び情報に関する措置を強化すること。[4]

　ヘイト・スピーチを伴うデモや集会、及びインターネットを含むメディア上でのヘイト・スピーチ等に犯罪として対応し、そうしたことを行う個人や団体、あるいは政治家等の公人を犯罪者として取り締まれ、という勧告である。

　この勧告に加えて、2014 年 12 月の京都朝鮮第一初級学校の街頭宣伝差し止め等請求事件において、最高裁が違法性を認めたことや、2020（令和 2）年の東京オリンピック・パラリンピックという国際イベントを控えていることなどもあり、ヘイト・スピーチ対策の議論が活発になっていった。2014 年から 2016（平成 28）年にかけて、約 300 の地方議会が地方自治法 99 条[5]に基づいて、国にヘイト・スピーチに関する意見書を提出した。また、大阪市は 2016 年 1 月に「ヘイトスピーチへの対処に関する条例」を制定した[6]。

こうした流れの中で国も、同年 5 月に「本邦外出身者に対する不当な差別的言動の解消に向けた取組の推進に関する法律（以下「ヘイト・スピーチ対策法」とする）」を成立させた。これは「第 1 条、この法律は、本邦外出身者に対する不当な差別的言動の解消が喫緊の課題であることに鑑み、その解消に向けた取組について、基本理念を定め、及び国等の責務を明らかにするとともに、基本的施策を定め、これを推進することを目的とする」というもので、「第 2 条、この法律において『本邦外出身者に対する不当な差別的言動』とは、専ら本邦の域外にある国若しくは地域の出身である者又はその子孫であって適法に居住するもの（以下この条において『本邦外出身者』という。）に対する差別的意識を助長し又は誘発する目的で公然とその生命、身体、自由、名誉若しくは財産に危害を加える旨を告知し又は本邦外出身者を著しく侮蔑するなど、本邦の域外にある国又は地域の出身であることを理由として、本邦外出身者を地域社会から排除することを煽動する不当な差別的言動をいう」と、ヘイト・スピーチを定義づけている。以下「第 3 条、基本理念」「第 4 条、国及び地方公共団体の責務」「第 5 条、相談体制の整備」「第 6 条、教育の充実等」「第 7 条、啓発活動等」と続くが、ヘイト・スピーチを犯罪として取り締まる規定はない。憲法 21 条の表現の自由との兼ね合いから、禁止や罰則のない理念法として制定されたのである。

　ヘイト・スピーチ対策法が施行された翌月の 6 月には、ヘイト・スピーチを伴う街宣活動を川崎市内で予定していた主催者が、横浜地方裁判所川崎支部の仮処分決定によって、街宣活動を予定していた川崎市内の在日コリアン集住地域での実施を禁じられた。この仮処分決定では、ヘイト・スピーチ対策法 2 条の「本邦外出身者に対する不当な差別的言動」が不法行為にあたり、スピーカーを使用して大声を張り上げるというように、平穏に生活する人格権を侵害する程度が顕著な場合には、憲法 21 条の集会の自由や表現の自由の範囲外である、とされていた。禁止や罰則のない理念法といえども、ヘイト・スピーチ規制の根拠とはなりうるし、実際に効果を発揮したのである[(7)]。

　この後ヘイト・スピーチに対処する条例は、7 月にヘイト・スピーチの発言者等の氏名を公表する等のものが大阪市で、2019（平成 31）年 4 月には

ヘイト・スピーチを認定して内容を公表する等のものが東京都で施行された。その結果「極端に過激な言葉を使うデモの件数は減った。一方で、手口が巧妙・陰湿化した[8]」。そこで川崎市議会は、2019（令和元）年12月12日に「差別のない人権尊重のまちづくり条例」という刑事罰を有する条例を日本で初めて成立させた。この条例は、差別的な言論を繰り返すと、市長が有識者でつくる「差別防止対策等審査会」の意見を聴いて、勧告、命令、告発を行う。3回目の刑事告発によって、当局の捜査が始まり、その結果起訴され刑事裁判となり有罪となった場合は、最高50万円の罰金が科される、というものである。それまでのヘイト・スピーチ対策以上の抑止効果が期待され画期的なもの、との評価もあった[9]。

　しかしその一方で、2016年8月の東京都知事選挙では、「在日特権を許さない市民の会（在特会）」前会長の桜井誠が、外国人への生活保護支給の廃止や、都内での韓国学校建設計画の中止などを公約に掲げて立候補し、港区の在日本大韓民国民団前で、「韓国へ帰れ」「さっさと日本から出て行け」等と演説した[10]。またネット上の言動も、どのような表現までをヘイト・スピーチとするか明確な定義は難しく、実際には「合法的」あるいは「脱法的」なヘイト・スピーチが存在しうる、と明らかになったのである。

　選挙運動であっても、ヘイト・スピーチが伴う街宣活動と何ら変わらないものであることが明確なものであれば、あるいは規制することも可能かもしれない。しかし、選挙演説の政治的な発言の中に含まれる嫌悪表現を全て規制する法規定等を、憲法21条と矛盾しないように制定するのは不可能と思われる。ヘイト・スピーチ対策法2条の「本邦外出身者に対する不当な差別的言動」にあたる行為が、選挙運動の中にないかどうかを、予め確認できれば規制のしようもあるだろうが、それでは検閲になってしまう。もはや理念法にとどめるかどうかの問題ではない。法規制には限界がある、といわざるをえないのではないだろうか。それは川崎市の2019年12月成立の条例で、どのような表現がヘイト・スピーチであるかを明確に定義できないため、ネット上の言動が刑事罰の対象から外された、という事実からもうかがえる。法規制によって、ヘイト・スピーチを一掃しよう、というのは大きなリスクを伴うように思えてならない。ある程度の法規制の必要性は否定できないが、

根本的な解決手段を法に求めるのは無理ではないだろうか。

2. ヘイト・スピーチと倫理学理論

　アメリカ・ジャーナリズム倫理学の第一人者である、クリスチャンズが中心となって編集したテキスト *Media Ethics: Cases and Moral Reasoning* は 11 版を重ね、この領域の代表的なテキストであるとともに、既に古典の域に達したとさえいえるものである。この中で倫理学の理論を五つの範疇に整理している。その五つとは徳、義務、功利性、権利、愛という五つに基づくものである。そこで本章もこれに従い、同書で取り上げられているように、徳─アリストテレス、義務─カント、功利性─ミル、権利─ロールズ、愛─ネル・ノディングズの五つの倫理学理論とその代表的な所論に依拠して、ヘイト・スピーチを考察してみたい[(11)]。

　第 1 に徳に基づく倫理学である。アリストテレスによれば、「節制とか勇敢とかその他もろもろの倫理的な徳」とは以下のようなものである。

　　　あらゆるものを逃避しあらゆるものを恐怖して何ごとにも耐ええないひとは怯懦となり、また総じて、いかなるものも恐れず、いかなるものに向っても進んで行くならば無謀となる。同じくまた、あらゆる快楽を享楽し、いかなる快楽をも慎まないひとは放埓となり、あらゆる快楽を避けるならば、まったく田舎者のように、いわば無感覚なひととなる。かくして節制も勇敢も「過超」と「不足」によって失われ、「中庸」によって保たれるのである。[(12)]

　倫理的な行為とは過不足のない中庸の行為である、とするのである。これを人間同士の関係に当てはめると、どのようになるだろうか。

　　　人間の接触とか交際において、つまり、一緒に暮らし談論やものごとを共にするという生活面において、或るひとびとは機嫌とりであると考

えられる。相手を悦ばせるために何ごとをもすべて賞賛して決して反対せず、その行きあういかなるひとにも苦痛を与えないことを心がけているひとびとがそれである。またこれとは逆に、何ごとにも反対する、そしてひとに苦痛を与えることを全然意に介しないごときひとびとは、不愉快な・うるさいひとびとと呼ばれる。こうした諸「状態」が非難さるべき「状態」であることはいうまでもないのであり、これに対する「中」的な「状態」——すなわち、然るべきことがらを然るべき仕方で受けいれ、また同じような仕方で難じもする、というふうな人間たらしめるごとき——が賞賛さるべき「状態」であることも明らかである。[13]

　以上のように人間の接触や交際における中庸を示した上で、他人との交歓といったものでは、「そこには語るべき——同じくまた聞いていい——ことがらと仕方があると考えられ[14]」「たしなみのあるひとならば決して口にしないであろうような、また聞くことをも拒否するであろうような性質のことがらを語る[15]」のは過超であるとしている。

　つまりいろいろな人が生活する社会において、つき合いのある人の中に非難すべき点がある人がいたのであれば、非難をすること自体はかまわない、ということだろう。しかし、そのことによって生じうる相手の苦痛を全く考えずに過超な事柄を語って非難し、その結果実際にその相手に苦痛が生じたのであれば、それは倫理に反する過超な行為となる、ということである。

　これをヘイト・スピーチに当てはめると、ある特定の民族やマイノリティ等に批判すべき点があったとして、それを指摘し批判することは、何ら非倫理的なことではない。しかし、ある特定の民族やマイノリティ等を聞くに堪えない嫌悪表現を使って誹謗中傷し、対象となる人々に苦痛を与えるというような批判の仕方をすれば、過超であるから非倫理的なものとなるのである。

　以上の通り、アリストテレスの所論によればヘイト・スピーチは非倫理的である。

　第2に義務に基づく倫理学である。カントによれば、善意志とは以下のようなものである。

我々の住む世界においてはもとより、およそこの世界のそとでも、無制限に善と見なされ得るものは、善意志のほかにはまったく考えることができない。知力、才気、判断力等ばかりでなく一般に精神的才能と呼ばれるようなもの、——或いはまた気質の特性としての勇気、果断、目的の遂行における堅忍不抜等が、いろいろな点で善いものであり、望ましいものであることは疑いない、そこでこれらのものは、自然の賜物と呼ばれるのである。しかしこれを使用するのは、ほかならぬ我々の意志である。意志の特性は性格であると言われるのは、この故である。それだからこの意志が善でないと、上記の精神的才能にせよ、或いは気質的特性にせよ、極めて悪性で有害なものになり兼ねないのである。[(16)]

　つまり人の行為ははじめから倫理的なわけでも非倫理的なわけでもない。問題なのはその行為を行う意志である、ということだ。善意志による行為でなければ、本来善であるはずの行為も悪に転じてしまう可能性がある、ということである。

　行為の道徳的価値は、その行為から期待されるところの結果にあるのではない、さりとてまた行為を生ぜしめるなんらかの原理——換言すれば、行為の動因をその行為の結果から借りてくることを必要とするような原理にあるのでもない。およそこのような結果（彼の現在の状態が快適であること、それどころか他人の幸福を促進することすらこれに属する）は、別の原因によっても生じ得たであろうし、そのことはかくべつ理性的存在者の意志を必要としなかったのである、ところが無条件的な最高善は、およそ理性的存在者の意志においてのみ見出され得るのである。[(17)]

　行為の善悪というのは、その行為自体がどのようなものであったかによって判断されるものでなはない。その行為をした者の意志が、どのようなものであったかが問題なのである。

私の意図する行為の結果であるところの対象には、なるほど傾向をもつことはできるが、しかしとうていこれに尊敬を致すことはできない、かかる対象は意志から生じた結果にすぎないのであって、意志そのもののはたらきではないからである。同様に私は、傾向性一般を——それが私の傾向であると、他人の傾向であるとを問わず、——尊敬することはできない、もしそれが私の傾向であれば、ただこれを傾向として認めるのが精々だし、また他人の傾向であれば、それが私自身の利益に役立つ限り、時にこれを喜ぶことさえあるだろう。それだから結果としてでなく、あくまで根拠として私の意志と固く連結しているところのもの、私の傾向性に奉仕するのではなくてこれに打ち克つところのものの、少なくとも対象を選択する際の目算から傾向性を完全に排除するところのもの、すなわち——まったく他をまつところのない法則自体だけが尊敬の対象であり得るし、また命令となり得るのである。[18]

　ある特定の民族やマイノリティ等を嫌悪するというような行為は、一つの傾向に過ぎない。少なくとも嫌悪の対象となる人々にとって、苦痛を生ずるものでしかない。つまりヘイト・スピーチという行為は、その内容がたとえ真実を語っているものであったとしても、ある一定の傾向性に奉仕するだけであって、そのもの自体は道徳的価値をもたないものである。

　およそいかなる理性的存在者も、目的自体として存在する。すなわちあれこれの意志が任意に使用できるような単なる手段としてではなく、自分自身ならびに他の理性的存在者たちに対してなされる行為において、いついかなる場合にも同時に目的と見なされねばならない、と。傾向の対象は、いずれも条件付きの〔相対的な〕価値しかもたない、それだからこれまで存在していた傾向と傾向にもとづく欲望とがいったん存在しなくなると、傾向の対象は途端に無価値になるだろう。傾向そのものは、欲望の根源ではあるが、しかしそれは我々が希求するに値いするような絶対的価値をもつものでない、むしろいっさいの傾向を脱却することこそ、一般に理性的存在者の誰もが懐くところの念願でなければならな

い。(19)

　ある特定の民族やマイノリティ等に向けられたヘイト・スピーチは、嫌悪者の傾向には奉仕するものであろうから、嫌悪者にとっての何らかの価値はもつかもしれない。しかし、対象とされている人々も理性的存在者であって、任意に使用できるような単なる手段としてではなく、目的自体として存在するのである。

　　それだから最高の実践的原理が存在すべきであるならば、すなわち人間の意志に関して定言的命法が存在すべきであるならば、それは──何びとにとっても必然的に目的となるところのもの（そのものがもともと目的自体であるから）の表象を意志規定の客観的原理として、従ってまた普遍的な実践的法則として用いられ得るような原理でなければならない。そしてこの原理の根拠は、理性的存在者は目的自体として存在する、というところにある。人間は、自分自身を必然的にこのような存在と考えているのである。その限りにおいて、この原理は人間の行為に対する主観的原理である。しかしおよそ人間以外のすべての理性的存在者もまた、私に通用するのとまったく同じ理性根拠に従って、自分の存在をこのようなものと考えているのである。それだからこの主観的原理はまた同時に客観的原理でもあり、意志を規定するいっさいの法則は、最高の実践的根拠としてのこの原理から導来せられねばならないのである。それだから実践的命法は、次のようなものになるであろう、──「君自身の人格ならびに他のすべての人の人格に例外なく存するところの人間性を、いつでもまたいかなる場合にも同時に目的として使用し決して単なる手段として使用してはならない」。(20)

　ある特定の民族やマイノリティ等に対してヘイト・スピーチを行う嫌悪者は、対象としている人々を「ゴキブリ」等という非理性的なものに例えたりすることを考え合わせれば、自身と同じ人格とは考えていないことは明らかである。嫌悪者は自身の傾向性に奉仕するために、ヘイト・スピーチの対象

とした人々を単なる手段として利用しているのである。

　　他人に対する必然的な、或いは責任ある義務について言えば、他人に
　偽りの約束をしようともくろんでいる人は、他人を単に手段として利用
　しようとしているだけであること、そして他人はその場合に決して目的
　そのものでないということを、直ちに知るであろう。私が、このような
　偽りの約束を私の目的に利用しようとする当の相手は、私のこういう仕
　打ちに同意する筈がないし、従ってまた自分からかかる行為〔偽りの約
　束をするという〕の目的となるようなことはできるわけがないからであ
　る。他人の原理〔人間性の〕とのこのような矛盾撞着は、他人の自由や
　所有権に加えられる侵害を例に引けば、もっと明白になる。このような
　場合には、人間の権利を侵害する人が、他人の人格を単に手段としての
　み利用しようとたくらみ、これらの人を理性的存在者として、いついか
　なる時にも目的と見なさるべきであるということ——換言すれば、彼の
　する行為とまったく同じ行為の目的を、この人達もまたもち得ねばなら
　ないような存在者と見なすべきであるということを、考慮に入れていな
　いことは明白だからである。[21]

　カントが示す他人との関係の事例に当てはめればわかりやすい。ヘイト・
スピーチが問題になる一番の理由は、対象とされたある特定の民族やマイノ
リティ等が、苦痛を感じているということである。ヘイト・スピーチを行っ
ている嫌悪者の行為に同意をしていないのである。それに対して、嫌悪者の
側は対象とされた人々が苦痛を感じていることを承知で行っている。嫌悪者
は自身がする行為とまったく同様の行為の目的を、対象とされた人々もまた
持ちえねばならない存在者とみなすべきであるということを、考慮に入れて
いないのは明白である。

　　他人に対する功績的義務について言えば、およそ人間のもつ自然的目
　的は、自分自身の幸福にほかならない。なるほど他人の幸福に寄与しな
　いまでもこれを故意に損<ruby>損<rt>そこ</rt></ruby>ないさえしなければ、人間性は支障なく存立し

得るであろう。しかし各人が、他人の目的をできるだけ促進するに努めないとしたら、目的自体としての人間性と消極的に一致するだけで、積極的に一致するものでない。目的自体であるところの主体のもつ諸種の目的は、もし例の表象〔目的自体としての人間性という〕が私において十分な効果を挙げることになれば、それはまた私の目的にもなり得るからである。(22)

ある特定の民族やマイノリティ等に対するヘイト・スピーチという行為は、対象とされた人々の幸福に寄与しないばかりか、これを故意に損なうものである。

以上の通り、カントの所論によればヘイト・スピーチは非倫理的である。

第3に功利性に基づく倫理学である。ミルよれば、言論の自由の重要性は以下のようなものである。

　　意見の発表を沈黙させることに特有の害悪は、それが人類の利益を奪い取るということなのである。すなわち、それは、現代の人々の利益を奪うと共に、後代の人々の利益をも奪うものであり、また、その意見を懐抱している人々の利益を奪うことはもとより、その意見に反対の人々の利益をさらに一層多く奪うものである、ということである。もしもその意見が正しいものであるならば、人類は誤謬を棄てて真理をとる機会を奪われる。また、たとえその意見が誤っているとしても、彼らは、これとほとんど同様に重大なる利益——即ち、真理と誤謬との対決によって生じるところの、真理の一層明白に認識し一層鮮かな印象をうけるという利益——を、失うのである。(23)

ミルは誤った意見の発表も自由に行われるべきとしている。ヘイト・スピーチも意見の発表であることに変わりはない。つまり、例えヘイト・スピーチであろうとも発表する自由は保障すべき、ということになる。しかし、ミルは『自由論』の目的を次のように述べている。

この論文の目的は、用いられる手段が法律上の刑罰というかたちの物理的な力であるか、あるいは世論の精神的強制であるかいなかにかかわらず、およそ社会が強制や統制のかたちで個人と関係するしかたを絶対的に支配する資格のあるものとして一つの極めて単純な原理を主張することにある。その原理とは、人類がその成員のいずれか一人の行動の自由に、個人的にせよ集団的にせよ、干渉することが、むしろ正当な根拠をもつとされる唯一の目的は、自己防衛（self-protection）であるというにある。また、文明社会のどの成員に対してにせよ、彼の意志に反して権力を行使しても正当とされるための唯一の目的は、他の成員に及ぶ害の防止にあるというにある。(24)

　ミルは『自由論』において、個人の行動や意志の自由への干渉が正当化される原理を主張する、としている。つまり、誤った意見を発表する自由までも保障されるべきと主張しつつも、個人の意見がその発言者の意志に反して強制的に規制を受ける場合があることを、肯定しているのである。

　　このような干渉を是認するためには、彼に思いとどまらせることが願わしいその行為が、誰か他の人に害悪をもたらすと計測されるものでなければならない。いかなる人の行為でも、そのひとが社会に対して責を負わねばならぬ唯一の部分は、他人に関係する部分である。(25)

　ミルは、個人の自由への干渉が肯定されるのは他人との関わりに関してである、としている。個人的に何かを考えたり、同じ考えに共感し合う者同士で意見交換をしあうようなことにまで、規制が及ぶべきというのではない。あくまでも他人との関係がどうなるかによって判断されるべきなのである。

　　われわれのなすことが、われわれの同胞たちを害しないかぎり、たとえ彼らがわれわれの行為を愚かであるとか、つむじ曲がりであるとか、ないしは誤っているとか、と考えようとも、彼らから邪魔されることのない自由である。(26)

ミルが考える自由とは、簡単にいえば以上のような条件付きものであるということができるだろう。そうであるとすると、意見の発表に関する場合、意見の発表を沈黙させることによって生じる害悪と、その意見の発表によって生じる同胞達への害悪を比較して判断する必要がある、ということになる。そこで問題になるのは、どのような基準で判断するかということである。

　　　功利主義が正しい行為の基準とするのは、行為者個人の幸福ではなく、関係者全部の幸福なのである。自分の幸福か他人の幸福かを選ぶときに功利主義が行為者に要求するのは、利害関係をもたない善意の第三者のように厳正中立であれ、ということである。[27]

　ヘイト・スピーチとは、ある特定の民族やマイノリティ等に対して嫌悪表現を使って誹謗中傷する行為である。その対象とされた民族やマイノリティ等にとって不快ばかりでなく、「殺せ」「死ね」等と危害を加えられることを予感させるものである。対象となる民族やマイノリティ等にとって害悪以外の何ものでもない。このようなスピーチを行っている嫌悪者が、自らのヘイト・スピーチに関係する者全体の幸福を考えたり、厳正中立な立場で他人の幸福を考えたりしているとは考えにくい。ヘイト・スピーチは決して倫理的であるとはいえないだろう。
　以上の通り、ミルの所論によればヘイト・スピーチは非倫理的である。
　第4に権利に基づく倫理学である。ロールズによれば、「無知のヴェール」の背後に位置づけられている原初状態の人々とは以下のようなものである。

　　　第一に、自分の社会的地位、階級もしくは社会的身分を誰も知らない。また、生来の資産や才能の分配・分布における自らの運、すなわち自らの知力および体力などについて知るものはいない。また、当人の善の構想、すなわち自分の合理的な人生計画の詳細を誰も知らず、リスクを回避したがるのか楽観的なのか悲観的なのかといった、自らの心理に関する特徴すら誰も知らない。これに加えて、当事者たちは自分たちの社会

に特有の情況を知らない。すなわち、その社会の経済的もしくは政治的状況や、その社会がこれまでに達成できている文明や文化のレベルを彼らは知らない。原初状態の人びとは、自分たちが属しているのはどの世代であるのかについて、どのような情報も有してはいない。[28]

ロールズによれば、このような原初状態の人々には以下のような自然本性的な義務というものがある。

　　[1] 自分に過度の危険もしくは損失をもたらさずにそうできる場合には、困っているあるいは危険にさらされている他者を支援すべきだとする義務、[2] 他者に危害を加えたり傷つけたりしてはならないという義務、[3] 不必要な苦しみを生じさせてはならないという義務。[29]

なぜ以上のような三つが自然本性的な義務となるのか、その理由を次のように述べている。

　　自然本性的な義務は、私たちの自発的行為とは無関係に私たちに適用されるという特徴を持つ。……残酷な仕打ちをしないとか悪意を抱かないようにする、もしくは他者の支援に取り組むといった約束など私たちは結んでいないと言い張っても、それは抗弁にも弁明にもならない。たとえば、人殺しをしないという約束は、通常ばかばかしいくらい無用の長物にほかならず、また〈人を殺さないという約束は──それに先立って結ばれた約束がまったく存在しなくとも──ひとつの道徳的要求を確立するものではないか〉とする示唆も間違っている。人を殺さないという約束が意味をなすのは、（もしありえるとすれば）おそらく正義にかなった戦争下に生じる状況において、人が人を殺す権利を有する特別な理由がある場合に限ってのことに過ぎない。[30]

特定の民族やマイノリティ等に対して、苦痛や恐怖を与えることを特別に許されるような権利を有するわけでもなく、そうしなければ自らが同様な苦

痛や恐怖を与えられるという状況下にもない限り、嫌悪表現によって相手に
苦痛や恐怖を与えるヘイト・スピーチは肯定されない、ということになる。
さらには、自然本性的な義務に含まれるものとして「相互尊重の義務[31]」
をあげ、ロールズは以下のように述べている。

> この義務が承認されるであろう理由は、原初状態の当事者たちは互い
> の利害に何の興味関心も持たないけれども、社会においては仲間たちか
> らの尊重が保証されている必要があると知っているところにある。彼ら
> の自尊と、おのれの人生目的の体系には価値があるのだという自信は、
> 他の人びとによる無関心、ましてや軽蔑には耐えられない。よって、相
> 互尊重の義務が受け入れられている社会に生きることで、全員が恩恵を
> 受ける。[32]

　ヘイト・スピーチとは、ある特定の民族やマイノリティ等に対して嫌悪表
現を使って誹謗中傷する行為である。他人を尊重していない行為であること
は説明するまでもない。また、ロールズが示している理由をみればわかる通
り、無知のヴェールの考え方からすれば、自分が受けたくない待遇を慮って
以上のような義務を受け入れるのである。ヘイト・スピーチのような罵声の
類を浴びせられたい人がいるはずもない。
　以上の通り、ロールズの所論によればヘイト・スピーチは非倫理的である。
　第5に愛に基づく倫理学である。ノディングズによれば、明確な倫理学
的原理や道徳的判断基準を追求しようとする倫理学が批判されるべき理由は、
以下のようなものである。

> 倫理学、すなわち道徳性の哲学的な研究は、これまで、おおむね道徳
> 的推論を中心にして行われてきた。たとえば、現在多くの研究は、道徳
> 的賓辞の地位に的が絞られているし、教育では、支配的なモデルによっ
> て道徳的推論の段階的な図式が呈示されている。こうした点に重きをお
> くことで、倫理学は現代的な、数学的な外観を呈しているが、同時に実
> 際の人間の活動やそうした活動に浸透している感じとは、かけはなれた

ところへ議論が移されてもいる。(33)

一方、倫理学におけるケアリングとは以下のようなものである。

　　わたしたちの注目の焦点は、いかにして他のひとと道徳的に接するか
　という点にある。倫理的なケアリングは、わたしたちが他のひとと、実
　際に道徳的に接している関係であるが、自然なケアリングから生じるも
　のとして説明されよう。自然なケアリングとは、わたしたちが、愛や、
　心の自然な傾向から、ケアするひととして応答する関係である。……わ
　たしたちが道徳的でありたいと思うのは、ケアリングの関係にとどまり、
　ケアするひととしての自分自身という理想を高めるためである。(34)

ノディングズによれば、ケアリングの関係とは「ケアするひと」と「ケア
されるひと」が存在し、「ケアするひとの専心没頭や、動機の転移を要求し、
ケアされるひとの認識や、自発的応答を要求する(35)」以下のようなもので
ある。

　　ケアされるひとが、ケアするひとへの直接的な応答とか、個人の喜び
　とか、ケアするひとの目前での上首尾の成長とかに提供しているのは、
　真の助け合いである。それは、関係の維持に貢献し、ケアリングが、自
　己に対する苦悩や不安という形態で、ケアするひとに向かって引き返し
　ていかないように対応している。(36)

つまり、ある人が悩んでいる友人を心底心配する状態が「専心没頭」で、
その結果その友人の悩みの原因を共有することが「動機の転移」である。そ
うすると、その人は自らの悩みと同様のものとして、その友人の悩みを解決
しようとするかもしれないが、あくまでも他人の悩みごとであるから、友人
の側はありがた迷惑の場合もありうる。そうではなくて、自分の悩みを一緒
に解決しようとしてくれていることに感謝しているのであれば、その意を示
すことが「助け合い」、すなわち相手の厚意を受け入れることを明確にする

ことによって、相手が積極的に悩みの解決のケアをできる状態にするということである。

　ケアリングは明確な倫理学的原理や道徳的判断基準を提示するものではない。そこで、ある特定の民族やマイノリティ等に対するヘイト・スピーチに関して考察を加えるためには、ヘイト・スピーチというものが、誰のために行われているものなのかを考える必要がある。

　第1に、ヘイト・スピーチの対象となっている特定の民族やマイノリティ等のためである、と仮定する。もしそうでであるとすると、特定の民族やマイノリティ等のためを思って自省や反省を求めている、ということになる。しかしそうであるとすると、ヘイト・スピーチを行っている嫌悪者は、なぜ当該民族やマイノリティ等に対して誹謗中傷となるような嫌悪表現を使って、スピーチをしているのかが問題となる。普通に考えれば、このような行為はケアとはいわないだろう。心底親切のつもりで忠告をしているとしても、対象となる人々は、誹謗中傷が混じったスピーチを聞いてケアされているとは決して思わないだろう。したがって助け合いは成立しない。つまりケアリングの関係は成立のしようもない、ということである。

　第2に、ヘイト・スピーチを行っている嫌悪者と同様の意見をもつ人々のためである、と仮定する。もしそうであるとすると、少数派である同意見の人々への団結の訴えや一緒に活動していくための呼びかけ、ということになる。ヘイト・スピーチで主張されるような内容は少数派に属する意見が多いから、同じ意見を持つ仲間をケアするという意味にはなるかもしれない。しかしそうであるとすると、同意見の人々に団結を呼びかけることと、特定の民族やマイノリティ等を嫌悪表現を使って誹謗中傷することは、等号で結ばれるものではない。同意見の人々との団結のための集会等を行うために、特定の民族やマイノリティ等に対して嫌悪表現を使って罵らなければならない、という理由にはならない。要するに、ヘイト・スピーチの対象となっている人々の苦痛や恐怖は全く顧みずに、自分の意見を聞いてくれる人々に向かっていいたいことをいっているだけ、ということになる。それは結局自分自身の味方を集めている、換言すれば自分をケアしてくれる人を募っているに過ぎない。要するに、ヘイト・スピーチを行っている嫌悪者は、ケアしよ

うとしているのではなくケアされたがっているだけ、ということになる。し
たがってケアリングの関係は存在しない。

　第3に、当該民族やマイノリティ等に対して特に嫌悪の感情を持ってい
るわけではない一般の人々のためである、と仮定する。もしそうであるとす
ると、当該民族やマイノリティ等に批判すべき点があり、それを多くの人々
に広く伝える必要があるので行っている、ということになる。本当にそうで
あれば、批判すること自体は否定されない。しかしそうであれば、その批判
すべき点を論理的に取り上げてスピーチすればいいのであって、嫌悪表現を
使って誹謗中傷する必要はない。対象となる一般の人々をケアするつもりで
専心没頭しているのであれば、聞くに堪えない嫌悪表現を使ったスピーチを
聞かされた人々が、どのような気持ちになるか考えるはずである。また聞か
された一般の人々も、そのような行為によって自分たちがケアされていると
は考えないだろう。つまりこの場合も、助け合いの関係は成立しないだろう。
すなわちケアリングの関係も成り立たない、ということである。

　以上の通り、ノディングズの所論によればヘイト・スピーチは非倫理的で
ある。

3. ヘイト・スピーチ報道のジレンマ

　危機管理と情報に関する第一人者である福田充は、以下のようにテロリズ
ムとメディアには「共生関係[(37)]」があるとする。

　　　テロリズムとは、世界の注目を集めるために事件を起こし、それを報
　　道するテレビや新聞、雑誌、インターネットなどさまざまなメディアを
　　通じて、自分たちの犯行声明やメッセージを報道させることによって、
　　社会に対して不安や恐怖を与え、そして自分たちの主張の正当性を訴え、
　　闘争を継続させて勝利をつかむために行われる一連のプロセスであると
　　いえる。
　　　私たちはこれらのテロリズムの現状を多くの場合、一般的にメディア

を通じて知る以外に方法はない。そして、メディアはテロ事件が発生すればその事件を報道し、犯行声明が出されれば、犯行組織の実態をつかむために詳細を報道しようとする。それはメディアの社会的使命であり、ジャーナリズムの使命である。⁽³⁸⁾

このような関係は、ヘイト・スピーチも同じといっていいように思う。

ヘイト・スピーチは、「人種差別撤廃条約」の規定によれば処罰すべき犯罪であり、倫理学的にみても非倫理的な行為である。そのような行為が堂々と街中で行われているとすれば、当然報道されるべきニュースである。しかし、ここで大きな問題となるのが、それではどのように報道するかということである。

ある特定の民族やマイノリティ等を嫌悪表現を使って攻撃するような主張は、普段身のまわりには少なく多くの人の耳には届かない。なぜならそのような主張は非倫理的だからである。それゆえ、そうした非倫理的な主張を街中で公然と行えば、殺人事件が報道されるのと同様にニュースとして報道されることになる。一般的にいえば、ニュース報道に際して事実をありのまま伝えるジャーナリストを、倫理的に間違っているとはいわない。ところが、ヘイト・スピーチで行われるような主張の内容は、ある特定の民族やマイノリティ等を嫌悪表現を使って攻撃するものである。普段そのまま伝えることが憚れるものである。裏を返せば、メディアで取り上げられその内容が世間の多くの受け手に届くだけで、ある程度嫌悪者のヘイト・スピーチはその目的を達成してしまっている、ということができる。

そうであるとすれば、皮肉なことに、ジャーナリストとしての使命を遂行するために事実をありのままに伝えようとすればするほど、換言すれば、倫理的なジャーナリズムを遂行すればするほど、嫌悪者達が主張する「正当性」を伝えることになり、ヘイト・スピーチに協力してしまうことになってしまうのである。つまり、倫理的なジャーナリズムがヘイト・スピーチとメディアの共生関係を生み出しうる、ということである。

もちろん事実をありのまま伝えることと、真実を伝えることは全くの同義ではない。いかに不当な主張であるかの解説をつけて、ヘイト・スピーチを

批判的に報道することは可能である。ある特定の民族やマイノリティ等を不当に誹謗中傷しているようなスピーチであれば、そのような報道をして当然であろう。しかし、ヘイト・スピーチ報道をするのであるから、その内容を全く伝えずに批判だけするのは不可能である。多かれ少なかれ、主張されている内容は伝えなければならない。そうすると結局は、ヘイト・スピーチを行っている嫌悪者の思うつぼ、ということになってしまう。

　ヘイト・スピーチ報道には、容易に解決できないジレンマが存在するのである。

4. ジャーナリズム倫理学の視点

　ヘイト・スピーチの法規制に消極的な考え方は、日本の場合憲法論では珍しくない。むしろ主流派といえる。しかし管見によれば、ジャーナリズム倫理学の見地から法規制に反対する議論は日本ではみられない。国外でもさほど多くみられる議論だとは思えない。そんな中にあって、アメリカのジャーナリズム倫理学の基盤を確立させた名著 *Good News* の著者であるクリスチャンズ、マーク・ファックラー、ジョン・P・フェレの三人が、2012 年に刊行した *Ethics for Public Communication: Defining Moments in Media History* [(39)] は、ヘイト・スピーチの法規制に対して、コミュニタリアニズムに基づいたジャーナリズム倫理学の視点から反対している。ヘイト・スピーチを法的に規制することは、「その言葉が直接的で深刻な物理的害の可能性をもたらす場合を除いて、悪しき言論に対する妥当な解毒は善き言論である。悪しき言論に対して法の強制力を使用することは、怒りをかき立てる言論よりもはるかに大きな悪の危険にさらすことである。何もかも台無しにしてしまう悪は、法廷や裁判官を治安の調停者と同じものであるかのように善の調停者にもしてしまうような、道徳性と法を混ぜ合わすことである [(40)]」というのである。ヘイト・スピーチに当たるかどうかの判断は、悪しき言論か善き言論かを判断することである。善か悪かの判断は倫理学の領域で行われるべきものであって、裁判官によって法的に判断されるものではないという考え方である。

もう少し詳しくみていくことにする。

同書は「ストームフロント」という人気のある白人至上主義のウェブ・サイトを例に挙げ、ヘイト・スピーチに関して検討している。

まず、このサイトは以下のような三つの印象を提供しているとする。

第1に、白人至上主義者は「自分達の意見がグローバルな宣伝のために、より広まった文化的殺気（amuck）によって抑圧され、無視され、軽視されているという認識をもっている」ということである。そのため白人至上主義者は、政治家やメディアそして法廷さえも敵対者と捉える。したがって「集団的な憎悪のための口頭や記号による表現を抑圧することは、そうした表現を立ち去らせる態度をもたらしはしない」という印象を与えるのである。

第2に、白人至上主義者は「形而上学的な部分へと人種嫌悪のレトリックが拡張することを熱望する」ということである。人種問題は一地方限定の問題ではなく、いかなる場合も生存のための、あるいは道徳的な勝利への果てしない闘争と連動するものであって、正当な所有者から不当な強奪者へ全ての福利の向きを変える陰謀に対するものである、というのである。したがって、人種によってもたらされた果てしない危機は別個の世界を要求し、平和は境界が成立し強制された時にのみ達成される、というのである。そのため白人至上主義者によって提供される解決は単なる消滅、すなわち黒い皮膚は去らなければならないということでしかない、という印象を与えるのである。

第3に、以上のような二つのことからヘイト・スピーチの「可能な解決は存在しない」ということである。「人種嫌悪の言論は量的に増加し、その運動の終末論的な予見を最大化させ、その運動そのものが撚り合わせた情熱を煽ることによって、そのもの自体を永続させる」とする。つまり、白人至上主義運動は運動そのものを煽りたてることが目的であるから、ヘイト・スピーチは解決という目標がない社会運動を意味する、という印象を与えるのである。

以上の三つをみる限り、ヘイト・スピーチとは根本的な解決が不可能な印象を与えるもの、ということになる[(41)]。それゆえヘイト・スピーチに対して「目をそらせ。善き非消費者たれ。製品の不買によって市場を抑圧せよ」

という対応がありうる。確かに戦略としての「目をそむけること」は、その人を共犯から救う。また、嫌悪扇動に注意を払わなければ嫌悪の煽動者ではありえない。しかしながら「嫌悪のメッセージを単に回避するだけでは、道徳的解決には『役立たず』と同様である。レイシズムの受け手は常に存在するだろう。……個々人が非参与者としていなくなるだけでは、消え失せはしない。たぶん反対者の減少は、弱者の側が戦闘を放棄している、という印象を創り出すことによって嫌悪の調達者達を勇気づけるだろう。目をそむけることは、ヘイト・スピーチに通行許可を与えること、すなわち反対すべき時に黙許することである[42]」とする。

　そこで提唱されるのが「手間のかかる話し合い（文化の異なる者同士の交渉）（Palaver）」と呼ぶものである。これは「コミュニティがその問題に直面し、その相違に立ち向かい、協働的な未来に向かって作用する過程」のことで、「お互いの話を聞き、衝突する主張を計算し、一緒に前進するための、コミュニティの利害関係者の会合」としている。コミュニタリアニズムの見地からは、白人至上主義者のような嫌悪者を嫌悪するということは、決してその戦略たりえない。白人至上主義者さえも手間のかかる話し合いに招かれなければならないのである。つまり、嫌悪者であっても同じコミュニティの成員であり、無視してはならないのである[43]。

　具体的なヘイト・スピーチへの対処の仕方としては、まず「本書は人によっては不可能な対策と呼ぶかもしれないものを提示する。怒りを顕わにして敵対者が戦争の準備をしているのに、平和の旗を振っているようなものとして、我々は馬鹿にされるかもしれない。本書の中に記述した解決は素人くさい出来の悪いもの、とみられるかもしれない」とした上で、「我々はコミュニタリアニズム的対話（Communitarian Dialogue）と和解（Reconciliation）を提案する。我々はヘイト・スピーチの見方、対応、心構え等の変更を提案する」とする。コミュニタリアニズム的対話とは、対話において「もはや平等な機会を主張しない」というもので、極化するような深刻な対話の前の「積極的傾聴（Active Listening）」を提唱するものである。それは最初のうち、侮辱や悪口に対して阻止や対抗手段をとらずに「我々は自発的な静寂、すなわち全く言葉のない時を推奨する。そうして無音の時に何をするのか。たぶ

ん相手の存在のみでは汚れた論理や激しい権利要求ができないだろう。沈黙の対話から始めよう。もちろん、常にコミュニタリアニズム的解決は新しい社会的な解決に達する言葉の流れの中に、最終的には引き込もうとする。和解は決して黙っては達成しない。しかし最初に居合わせた人を考慮に入れた沈黙を考えよう」というものである[44]。

コミュニタリアニズム的対話を具体的に進めていくためには第1に、自らが犠牲者であるということの正当性を疑うこととする。お互いに咎められるべき位置あるいは変化への責任ある位置に立っている、ということを見出すべきだというのである。それは「傲慢すなわち『全ての過失は他者にあるとする信念』という無駄と、孤立主義すなわち『面倒なことは一人で生活していればうまく解決されるとする信念』という幻想に取り組む」ことで、「我々は犠牲者ではなく、共犯者である」というふうに、お互いに変えなければならないとする[45]。つまり、嫌悪すべき相手がいるからヘイト・スピーチという現象が起こるのであって一方的に起こるのではない、ということである。そのため、嫌悪される側であっても自身の存在がヘイト・スピーチを引き起こす一つの原因となっている、ということを認識した上で対話に臨むべき、ということである。

第2に、人種嫌悪のエスカレートを拒絶することとする。コミュニタリアンは「人種嫌悪が癌のようで悪質なものかもしれないが、致命的ではないと信じている」とし、それを説明できるものは希望であるとする。常に希望があれば、他者の人道性を肯定する結果を期待して自身の最良の努力ができるので、人種嫌悪は世の中の必然的なものではなく、コミュニタリアニズムの方法において除去可能であるとする[46]。つまり、お互いがヘイト・スピーチの原因であるのならばそれを除去できるのもまたそのお互いである。そのような希望を持って嫌悪者に接すれば人種嫌悪はエスカレートすることなく、時間はかかるかもしれないが最終的には除去できる、ということである。

第3に、法的な規制ではなく共通善としての合意を目ざすこととする。コミュニタリアニズム的対話は「ありもしない明確な国の指針の中にヘイト・スピーチを封じ込めるためではなく、ヘイト・スピーチが破滅への道であり、それゆえ感情的にも政治的にも無益なものである、という相互の認識のため

の努力へと向けたものである」とする。そしてアメリカのような「多様性が移民と先住民の国にもたらす社会的な複雑さは、善のための間違った標準を設定することによって、善を見出す事が不可能になる」ので、ヘイト・スピーチがまかり通るようでは誰も繁栄しない、というのである[47]。これは日本でも主流の、ヘイト・スピーチの法規制に関する議論全体への批判にも繋がるものである。憲法で言論の自由を保障している限り、明確な定義を設けなければヘイト・スピーチは規制できない。しかし、実際に憲法で保障する言論に含まれないヘイト・スピーチの境界線を、明確に設けようというのは容易ではない。そんな明確に規定できるかどうかわからない法的規制を考えているよりも、同じコミュニティの成員として嫌悪者と共通善を見出す方向で対話し合意を目ざす方が優先されるべきだ、という考え方である。ジャーナリストも同様の方向へ向かって活動すべき、ということである。

　第4に、人種嫌悪に深く埋め込まれた訴えにうまく対処するための、現実的な代案を目ざすこととする。そうした代案は人格として他者を認識し、相互の幸福へ向かう社会的努力を組織化し、個人の自律の概念によって作り上げられた、「人間の権利（Rights of Man）」を掲げ擁護する戦略を与えるためのものであるとする。なぜならば、「個人の権利（Individual Rights）」の主張もまた破滅へと導くものと考えるからである。というのは、我々は混沌とした競争的な世界の中の、バラバラな原子のようなものではないと考えるからである。我々は、栄え行く人間の発展のための文化を構築する努力において、互いに補完するために相互の必要に応じて自身を結びつけ合うのであり、我々が話をするということは我々が肌の色と関係なく、個人的なエネルギーが他の誰かの人生を改善することに向けられる時育まれる「相互関係（Mutuality）」で結ばれた人々である、ということを反映すべきことであるとする。コミュニタリアニズムは人間の相互関係を強化するための戦略であると考えるのである[48]。つまり、個々人の権利の主張を優先させるのではなく、コミュニティの成員全員が幸福であるための方策をみんなで考えるようにしよう、ということである。この場合嫌悪者もコミュニティの成員として相互関係で結ばれるべく、一緒に社会的な努力を担っていくべき存在として扱われるべき、ということである。

コミュニタリアン・ジャーナリズムの視点は「憲法修正14条の法の平等なる保護と正当な法の手続きを憲法修正1条よりも強調する。平等なる保護なくして、言論の権利は多数派権力によって弱められ、技術を所有する人々に奉仕させ、少数派の声を遠ざける傾向がある[49]」として、平等あっての言論の自由という立場をとる。ヘイト・スピーチについても、同様の見地から検討を加えているのである。

しかし手間のかかる話し合いは法的な命令によって強制することはできない。それゆえ「忍耐強い傾聴（Patient Listening）」から「時間を要する合意形成（Slow-burn Consensus-making）」に至る手間のかかる話し合いをうまく成し遂げるためには、「若者を教育しなければならない。手間のかかる話し合いを知るに至った仲介者や代弁者は明日の教師であり合意形成の指導者である[50]」とするのである。この考え方は、まさにクリスチャンズがコミュニタリアン・ジャーナリズムの重要な目的としてあげるトランスフォーメーションである[51]。

またコミュニタリアン・ジャーナリズムは、例えその時点では嫌悪者を嫌悪するべき状況であったとしても「憎しみを最終的な言葉にさせない。公的な議論はそこで終わることはできない。もし終わってしまうならば明日集まるコミュニティは存在しない。嫌悪者を嫌悪することは単に論争を媒介することであって目的ではない[52]」としている。これもクリスチャンズのコミュニタリアン・ジャーナリズムで主張される単なる事実報道の否定と通底する考え方である[53]。つまり、ヘイト・スピーチ報道におけるジャーナリストの役割は、手間のかかる話し合いを成し遂げるために市民をトランスフォームすることである。したがって、ヘイト・スピーチに関わる事実をただ単にそのまま報道することは、ジャーナリストの行為規範にはそぐわないのである。

おわりに

ジャーナリズム倫理学にも種々の立場が存在する。

リバタリアン[(54)]の立場からヘイト・スピーチ報道を検討すれば、報道するかどうか、すなわち問題として取り上げるかどうかは個々のジャーナリスト次第である、ということになる。当該ヘイト・スピーチが直接的で深刻な物理的害をもたらす場合は、事件報道として報道するだろうが、その場合でも主張されている内容を伝えるかどうかは、個々のジャーナリストの判断による。もし非倫理的で多くの人に伝えるべき内容ではない、と当該ジャーナリストが判断したのならば、主張されている内容そのものを取り上げる必要はない。伝えないという選択が可能なのである。つまり、ヘイト・スピーチを行うような嫌悪者を対等な議論の相手とする必要はないのである。取り上げるとか取り上げないとかが自由というのは、ある意味で言論の自由の理想なのかもしれない。しかし、ヘイト・スピーチの問題に対しては何ら根本的な解決にはならない。ジャーナリズムはヘイト・スピーチの問題には関与しない、という意味にしかならないのである。また、取り上げたとしても個々のジャーナリストの判断でヘイト・スピーチに反論する形になるだろうから、かえって人種嫌悪をエスカレートさせ、誰も繁栄しない破滅への道となる可能性さえ否定はできない。

　リベラリスト[(55)]の立場からヘイト・スピーチ報道を検討すれば、個人の権利としての「言論の自由」の保障が中心となる。もちろん権利の濫用は許されないし、ロールズの自然本性的な義務に反するような嫌悪表現は、憲法で保障すべき言論に含まれない。しかし、問題なのはその線引きである。規制されるべき嫌悪表現とは何かが明確に規定されなければ、違憲となる権利侵害の可能性があり規制は許容されるべきではない。しかし、ヘイト・スピーチは政治的な演説等に含まれることもあり明確に規定するのは難しい。結果として嫌悪表現が野放しになりうる。それゆえ、白人至上主義者の唯一の盟友はリベラリストである、という指摘がある。リベラリストはリベラリズムへの忠誠心が一貫しているため、白人至上主義者からみれば自由の名において敵対者と戦ってくれる、と考えるというのである。そうではなくとも、個人の権利を尊重し意見が対立した場合は多数決で決定する一般的なリベラリズムでは、少数派の声がかき消されてしまう場合がある。トランプ現象をみればわかるように、例えある一定の民族等を差別するような意見であって

も多数派を形成してしまえば、容認されてしまう場合も出てくるのである。社会的な責任として多数派意見を取り上げるとすれば、結果的ではあってもジャーナリストがヘイト・スピーチに加担してしまう場合も、完全には否定できない。ジャーナリズムがヘイト・スピーチの問題を解決するのは、不可能ではないが難しいといえるかもしれない。

　コミュニタリアンの立場からヘイト・スピーチ報道を検討すれば、ジャーナリストが取材において積極的傾聴を行い、誤解や被害が生じないようにヘイト・スピーチ報道を行う。その報道はヘイト・スピーチを行う嫌悪者の側と嫌悪される対象の側の双方を、コミュニタリアニズム的対話に持ち込めるようにトランスフォームするためのものである。ただし、そうであれば受け手側にコミュニタリニズム的対話、すなわち熟議をする気持ちがなければいかなる報道も無意味ということになる。

　ヘイト・スピーチの内容そのものを伝えることには、いろいろと問題があることは指摘した。単なる事実報道や単なるヘイト・スピーチ批判の報道であれば、ヘイト・スピーチそのものの内容を詳しく伝える必要はあるだろう。事実報道というからには、事実をありのままに伝えなければならないだろうし、批判をするのであれば、どのような内容を批判するのか明確にする必要があるからである。特に批判報道の場合、相手のどのような主張を批判するのか詳しく伝えなければ、真実に反する偏向報道にもなりかねない。

　誰もが情報発信者となれる今日、専門職としてのジャーナリストの倫理は、ただ単にどのような情報を伝えるかという問題にとどまらなくなっている。当該の問題を論ずることにどれほどの意味があるか、その問題をどのように論じていくべきなのか、そうしたことを訴えることにも及んでいる。ジャーナリストはただ単に情報を発信するだけではなく、社会の全ての成員が問題となる情報の受発信を円滑にできるようにする、司会者的な役割を担う必要があるように思える。ジャーナリズムの倫理がそのように認識すべきところに来ていることを、ヘイト・スピーチ問題は示しているのである。

　＊本章は、「科学研究費助成事業（学術研究助成基金助成金）：『偏向報道・極化』問題における実証的研究と倫理学的研究の統合的把握（研究種目：挑戦的萌芽

研究　研究課題番号：15K12812：2015 年 4 月 1 日〜2018 年 3 月 31 日）」による研究成果の一部である。

---

(1)　ヘイト・スピーチの法規制に関しては、Waldron, Jeremy (2012 = 2015) *The Harm in Hate Speech.* Cambridge: Harvard University Press.（谷澤正嗣・川岸令和訳『ヘイト・スピーチという危害』みすず書房）、師岡康子（2013）『ヘイト・スピーチとは何か』岩波書店　前田朗（2015）『ヘイト・スピーチ法研究序説―差別扇動犯罪の刑法学―』三一書房　桧垣伸次（2017）『ヘイト・スピーチ規制の憲法学的考察 表現の自由のジレンマ』法律文化社　参照。

(2)　訳文は外務省ホームページ http://www.mofa.go.jp/mofaj/gaiko/jinshu/conv_j.html 2018 年 7 月 15 日アクセス。

(3)　訳文は外務省ホームページ http://www.mofa.go.jp/mofaj/files/000060749.pdf　2018 年 7 月 15 日アクセス。

(4)　訳文は同ホームページ。2018 年 7 月 15 日アクセス。

(5)　地方自治法 99 条　普通地方公共団体の議会は、当該普通地方公共団体の公益に関する事件につき意見書を国会又は関係行政庁に提出することができる。

(6)　公益財団法人人権教育啓発推進センター（2016）『平成 27 年度　法務省委託調査研究事業　ヘイト・スピーチに関する実態調査報告書』130〜132 頁。

(7)　朝日新聞 2016 年 6 月 3 日。

(8)　朝日新聞 2019 年 12 月 13 日。

(9)　朝日新聞 2019 年 12 月 13 日。なお、2020 年 3 月 30 日付で逐条解釈的な「解釈指針」も発表されている。川崎市ホームページ http://www.city.kawasaki.jp/250/page/0000113041.html　2020 年 5 月 28 日アクセス。

(10)　朝日新聞 2016 年 8 月 4 日。

(11)　Christians, Clifford G., Fackler, Mark, Richardson, Kathy Brittain & Kreshel, Peggy J. (2020) *Media Ethics: Cases and Moral Reasoning, 11th ed.* New york: Routledge. pp.14-29. は、徳、義務、功利性、権利、愛の五つに基づく倫理学原理を倫理学の古典的な理論と位置づけ、ジャーナリストの倫理学的な指針としている。この五つの中の代表的なものとして、徳はアリストテレスと孔子、義務はカントとイスラム教、功利性はミル、権利はロールズ、愛はユダヤ教―キリスト教とノディングズと伝統的なアフリカの概念でズールー族の格言である「ウブンツ」を取り上げている。

(12)　髙田三郎訳『アリストテレス　ニコマコス倫理学　上』岩波書店　2006 年　60 頁。

(13)　同書　158 頁。

(14)　同書　164 頁。

(15)　同書　166 頁。

(16) Kant, Immanuel (1786 = 1976) Grundlegung zur Metaphysik der Sitten, in: Ernst Cassirer (Hrsg.) *Immanuel Kants Werke*, Bd. 4. Berlin: 1922. S.149.（篠田英雄訳『道徳形而上学原論』岩波書店　22 頁。）

(17) Ebd., S.257.（同書　39 頁。）

(18) Ebd., S.256-257.（同書　38 頁。）

(19) Ebd., S.286.（同書　101 頁。）

(20) Ebd., S.287.（同書　102〜103 頁。）

(21) Ebd., S.288.（同書　105 頁。）

(22) Ebd., S.289.（同書　107 頁。）

(23) Mill, John Stuart (1859 = 1971) (reprint 1948) *On Liberty*. Oxford: Basil Blackwell. pp.14-15.（塩尻公明・木村健康訳『自由論』岩波書店　36〜37 頁。）

(24) Ibid., p.8.（同書　24 頁。）

(25) Ibid., p.9.（同書　24〜25 頁。）

(26) Ibid., p.11.（同書　29 頁。）

(27) Mill, John Stuart (1861 = 1967) "Utilitarianism," in Robson, J. M. (ed.) (1969) *Essays on Ethics, Religion and Society.* Toront: University of Toronto Press. p.218.（伊原吉之助訳「功利主義論」『世界の名著 38　ベンサム　J.S. ミル』中央公論社　478 頁。）

(28) Rawls, John (1971 = 2010) *A Theory of Justice.* Cambridge: Harvard University Press. p.137.（川本隆史・福間聡・神島裕子訳『正義論』紀伊國屋書店　185 頁。）

(29) Ibid., p.114.（同書　153〜154 頁。）

(30) Ibid., pp.114-115.（同書　154 頁。）

(31) Ibid., p.337.（同書　446 頁。）

(32) Ibid., p.338.（同書　447 頁。）

(33) Noddings, Nel (1984 = 1997) *Caring: A Feminine Approach to Ethics and Moral Education.* Berkeley: University of California Press. p.1.（立山善康、林泰成、清水重樹、宮崎宏志、新茂之訳『ケアリング　倫理と道徳の教育―女性の観点から』晃洋書房　1 頁。）

(34) Ibid., pp.4-5.（同書　7 頁。）

(35) Ibid., p.78.（同書　123 頁。）

(36) Ibid., p.74.（同書　117 頁。）

(37) 福田充（2010）『テロとインテリジェンス　覇権国家アメリカのジレンマ』慶應義塾大学出版会　190〜193 頁。

(38) 福田充（2009）『メディアとテロリズム』新潮社　11 頁。

(39) Christians, Clifeord G., Fackler, Mark & Ferré, John P. (2012) *Ethics for Public Communication: Defining Moments in Media History.* New York: Oxford University Press. なお同書の位置づけについては、拙論（2017）「書評 Clifeord G. Christians, Mark Fackler & John P. Ferré *Ethics for Public Communication: Defining Moments in Media History*, Oxford University Press, 2012」『ジャーナリズム＆メディア』第 10 号　日本

大学法学部新聞学研究所　237〜240 頁参照。

(40)　Ibid., p.142.
(41)　Ibid., pp.141-142.
(42)　Ibid., p.145.
(43)　Ibid., pp.146-147.
(44)　Ibid., p.143.
(45)　Ibid., pp.143-144.
(46)　Ibid., p.144.
(47)　Ibid., pp.144-145.
(48)　Ibid., p.145.
(49)　Ibid.
(50)　Ibid., pp.146-147.
(51)　クリスチャンズのトランスフォーメーションについては第 4 章参照。
(52)　Christians, Clifeord G., Fackler, Mark & Ferré, John P. (2012) op.cit., p.147.
(53)　クリスチャンズの客観報道等に関する考え方についても第 4 章参照。
(54)　リバタリアン・ジャーナリズムについては第 2 章参照。
(55)　リベラル・ジャーナリズムについては第 3 章参照。

第8章

紛争地取材

――後藤健二の事例を中心として

はじめに

2015（平成27）年の過激派組織「イスラム国（IS）[(1)]」による日本人人質殺害事件は、日本中に強い衝撃を与えた事件であった。しかし、ジャーナリストとして取材のためシリア入りした後藤健二の行動に対しては、様々な評価がなされた。その中には、所謂「自己責任論」という形でその活動に対する否定的な評価もみられた。

そもそもなぜ、これまで多くのジャーナリストが紛争地で拘束されたり人質になったり殺害されたりしてきたのに、危険を冒してまで取材をするのだろうか。本章ではそうした紛争地取材を、専門職としてのジャーナリストの倫理という観点から考察してみる。

1. 事件の概要

まずは事件の経緯を時系列に辿ってみる。

後藤は1996（平成8）年に映像通信社インデペンデント・プレスを設立し、ビデオ・ジャーナリストとして活動していた。同社の公式サイトによれば、

「『戦争・紛争』『難民』『貧困』『エイズ』『子どもの教育』の5つの人道分野にフォーカスし、困難な環境の中で暮らす子ども達にカメラを向け、世界各地を取材している[2]」としている。2006（平成18）年には、「平均寿命が世界で最も短い国[3]」とされる紛争地シエラレオネの少年兵を取材した『ダイヤモンドより平和がほしい』で、第53回産経児童出版文化賞フジテレビ賞を受賞した。

後藤がシリアに入国したのは2014（平成26）年10月24日で、「邦人殺害テロ事件の対応に関する検証委員会検証報告書[4]」で確認されている事実関係によれば、当時のシリアの状況は、2011（平成23）年4月26日に外務省は既にシリア全土への退避勧告を出しており、同省ホームページ等を通じて広く発信していた。また、シリアの日本大使館はシリア国内の治安状況が悪化したことから、2012（平成24）年3月21日をもって一時閉館し、ヨルダンの日本国大使館内の臨時事務所においてその業務を継続している、という状態だった。そのため外務省は後藤に対して、「9月下旬及び10月上旬には電話で、10月中旬には直接の対面により、同氏にシリアへの渡航を止めるよう働きかけを行っていた。しかしながら、その時点においては、同氏がシリアに再度渡航する意向が明確ではなかったこともあり、同氏に対してシリアへの渡航を思いとどまらせることはできなかった[5]」。

後藤は、「報道を遮断する『イスラム国』に支配された市民の生活ぶりを明らかにすると共に、友人の湯川さんを助け出したい」としてシリアに入国した。ISの取材に向かう前に撮影した動画では、「これからラッカへ向かいます。『イスラム国』の拠点と言われますけども、非常に危険なので、何か起こっても私はシリアの人たちを恨みませんし、どうかこの内戦が早く終わってほしいと願っています」「何が起こっても責任は私自身にあります。どうか、日本の皆さんもシリアの人たちに何も責任を負わせないでください。まあ、必ず生きて戻りますけどね[6]」といっている。しかし、その後連絡を絶ち11月1日後藤の家族から後藤が行方不明であるとの連絡が入った。そして、後藤を拘束している旨のISからのメールに、12月3日になって後藤夫人が気づき開封し外務省に相談した。1月20日ISから発出されたとみられる動画が確認された。これにより種々の対応がなされたが、2月1日後藤

とみられる人物が殺害される映像がネット上に配信された[7]。2月7日には
シリア渡航を計画していたフリーカメラマンの杉本祐一が、「応じなければ
逮捕もありうる[8]」と告げられて、旅券法19条1項2号[9]に基づき外務省
に旅券の返納を命じられた。

2. 紛争地取材に関する意見

　後藤の紛争地取材に関して、『朝日新聞』『毎日新聞』『読売新聞』の3紙
に掲載された意見をみていくことにする。

　まずは政府の立場だが、シリアの入国に関して「一般の退避勧告とは別に、
外務省はジャーナリスト向けに、『いかなる理由であってもシリアに入国す
ることは、不測の事態に巻き込まれる可能性が高く、非常に危険』として、
取材を見合わせるよう求めて[10]」おり、2011年5月から外務省のジャーナ
リストに対する「シリアへの渡航見合わせを『強くお願いする』などとする
『注意喚起』[11]」は10回に及んでいた。

　後藤の行動に批判的な意見は、こうした政府の立場を踏まえたものが中心
であった。

　国内メディアとしては、2月2日の『読売新聞』社説が「ジャーナリスト
の後藤さんは昨年10月、退避勧告が出ていたシリアにあえて入国した後、
『何か起こっても責任は私自身にある』とのメッセージを残していた。『自己
責任』に言及したものだが、結果的に、日本政府だけでなく、ヨルダン政府
など多くの関係者を巻き込み、本人一人の責任では済まない事態を招いたの
は否定できない[12]」としている。

　政府・与党の関係者では、岸田文雄外務相が「退避勧告が出ている周辺地
域への渡航は厳に控えていただくよう、改めてお願い申し上げる[13]」と述べ、
二階俊博自民党総務会長は「規制の是非について研究・検討する必要があ
る[14]」と渡航の強制的な制限に言及し、高村正彦自民党副総裁は「後藤さ
んが3度にわたる日本政府の警告にもかかわらずテロリスト支配地域に入
ったことは、どんなに使命感があったとしても、蛮勇というべきものであっ

た[15]」と批判している。

　海外のジャーナリストでは、国際ニュース専門サイトのグローバル・ポストの設立者フィリップ・バルボニは、「イスラム国との交渉は過去は可能であっても、いまは違う。支配地域に行くのは自殺を図るようなものだ[16]」とし、ロイター通信の記者デビッド・ロードも「遺憾だが、いまは記者はシリアに行くべきでない。シリアの人々の苦しみが世界から覆い隠されているのは悲劇だが、記者が危険を冒すべきだとは道徳上、言えない[17]」とする。

　一方後藤の行動に肯定的な意見は、ほとんど「フリー・ジャーナリスト」といわれる人達のものである。まず、フリー・ジャーナリストの安田純平は「誰も報じなければ、現地の状況は伝わらない」「中東の現状は日本も支持した戦争の結果。日本も無関係、無責任ではないことを伝えたい[18]」とし、独立系通信社ジャパンプレス代表の佐藤和孝は「いかにリスクを減らすか、現場に肉薄するか、そのせめぎ合いの中でジャーナリストは常に悩む。だが、現場に行かないという選択肢はない」「消防士や警察官が命がけで救助に当たるのと同じように、命がけで伝える[19]」とする。また、写真家の八尋伸は「現地に行かなければ分からないことがある。取材したい、伝えなければならないことにアクセスする権利を規制してほしくない[20]」とし、ジャーナリストの綿井健陽は「自粛や規制を広げるのではなく、情報や取材手法の共有、協力態勢を厚くすることが重要だ[21]」と指摘する。フォト・ジャーナリストの豊田直巳は「自粛すれば、『イスラム国』の実態は分からない。読者や視聴者は、この事態にどう対処していいのか分からなくなるばかりだ。そこに光を当てるのがジャーナリズムだ[22]」とする。さらに『ニューズウィーク』日本版元編集長竹田圭吾は「マスメディアであれフリーであれ、紛争の現場に直接自分の目と足で伝えるべきものがあると判断したのなら、ジャーナリストは行くべきだ。政府の退避勧告が出ているからとか、最悪の場合、国に迷惑がかかるからといった理由で自粛してしまったら、メディアの自殺行為だ。ただ、それ相応の心構えと備えが必要だ。米国のメディアの一部は戦地取材の際、単なるコーディネーターや通訳だけではなく民間軍事会社と契約を結ぶなど厖大な予算をつける。日本の場合もボディーガードや安全装備を増やす必要がある。契約したフリーランスを派遣する場合、さらに

待遇を手厚くすべきだ。フリーに対し、一方的にリスクを負わせている現状があるからだ。そうした準備を施し、現場に記者を送ることがメディアの『自己責任』だ[23]」とする。フリー・ジャーナリストの土井敏邦は「政府の警告に従っているばかりでは『伝えられない事実を伝える』仕事はできません。悪の権化と伝えられる『イスラム国』。その支配下にある数百万の住民はどう生きているのか、支配者をどう見ているのか。それは今後の『イスラム国』の行方を知る上で重要な鍵であり、将来の中東の政治地図を占う上で不可欠です。現在は危険で困難ですが、それを伝えられるのは現場へ行くジャーナリストです[24]」とする。

　民間団体ジャーナリスト保護委員会事務局長のジョエル・サイモンは、ジャーナリストが拘束された事実が、IS の映像公開まで報じられないことが多いことについて「良い結果を生んでいると思えない。情報管理を彼らに委ね、宣伝に使われている[25]」と述べている。

3. 旅券返納問題に関する意見

　杉本の旅券返納問題では、外務省の幹部はその理由として「IS が日本人を殺害すると明示的に言っており、そこが違う。今回はあくまでも例外的な措置だ。憲法 22 条は尊重しないといけないが、止めないわけにもいかない[26]」とし、菅義偉官房長官も「ISIL（過激派組織『イスラム国』の別称）が活動する地域は極めて危険な状況。日本人を対象に殺害を継続していくと宣言している。生命に直ちに危険が及ぶ可能性が極めて高い[27]」と説明した。この問題に関しても、『朝日新聞』『毎日新聞』『読売新聞』の 3 紙に掲載された意見をみていくことにする。

　返納命令に肯定的な意見のうち、政府に近い立場のものとしては、公共政策調査会第 1 研究室長の板橋功が「邦人保護の観点から今回の措置は妥当と考える。シリアは IS 支配地域だけが危険なのではなく、過激な各種勢力が混在している。本人の意思で現地入りしたとしても、いずれかの組織に拘束されれば国は対応を迫られる。現地の大使館を閉めている状況で、邦人を

守るために出国段階で措置をとるしかない(28)」とし、元イラク公使の宮家邦彦立命館大学客員教授は「テロがグローバル化し、日本も聖域ではない。残念ながら、今後は国民の生命と財産を守る観点から、公共の利益のために基本的人権を制限できるかという議論が必要になる。今回の旅券法適用も一例だ。場合によっては一般市民の通信傍受や手荷物・車両検査など、警備・安全上の措置も検討せざるを得ない。日本ではまだそうした議論が十分ではないが、各国ではテロの脅威に対応し、通信や検査などではある程度の権利制限を行っている。第二、第三の事件を防ぐためにも必要な措置を考えるときに来ている(29)」とする。

フリーのジャーナリストとしては、報道カメラマンの横田徹が「大手メディアが足を運ばない地域に入って取材をすることにフリーの存在意義がある」が、「今のイスラム国は危険度が増しており、行くべきでない。命令はやむを得ない(30)」とする。

メディアとしては、『読売新聞』が2月11日の社説で「シリアは今、現地ガイドや仲介者が外国人の誘拐に頻繁に加担するような治安情勢にある。一民間人が自らの安全を確保できると考えていたら、認識が甘く、無謀だと言わざるを得ない。シリアでの取材経験が豊富な後藤健二さんが、イスラム国によって拘束、殺害された事実を、きちんと踏まえる必要がある。仮に日本人が再び拘束された場合、様々な要求が日本政府に突きつけられよう。事件対応に厖大な人員やコストを要するうえ、日本の外交政策が制約され、ヨルダンなど関係国にも悪影響が及ぶ。それは先の事件で明らかだ。イスラム国にとって、日本人人質の利用価値が高まっている。本人一人の『自己責任』では済まされない展開が想定されることを、きちんと自覚せねばなるまい(31)」と述べている。

これに対して、返納命令に批判的な意見には後藤の行動に肯定的な意見と同様に、フリー・ジャーナリストといわれる人達のものが多い。まず杉本本人は「足を踏み入れなければ、そこで暮らす人々の気持ちを理解できない。我々はみんな宇宙船地球号の一員。無知ではいけないはずだ(32)」としている。安田は「政府が取材をしてはいけない場所を自由に決められることになってしまう。極めて問題だ」「政府が善しあしを判断して取材を制限していい問

題ではない⁽³³⁾」と主張し、八尋は「何の目的でどこに行く人の旅券を没収するのか、基準があいまい。取材活動への締め付けを感じる⁽³⁴⁾」とした。また綿井は「外務省の対応は、憲法が保障する『渡航の自由』を侵害しており、民主主義国家としてありえない。さらに『逮捕する』という趣旨の発言をするなど強権的な手法を取って返納させていたのであれば、強く抗議したい。シリア＝『IS』ではなく、杉本さんの入国を即危険と判断するのは一足飛びの議論だと思う。外務省は慎重な対応をすべきだった⁽³⁵⁾」と述べ、竹田も「政府がジャーナリストの渡航を制限するのは危険だ。『生命保護』という名目で報道の自由、知る権利が侵されたら、損失の方がはるかに大きい。権力にとって都合の悪い取材は規制できるという前例を作りかねない。ただ、危険を承知で行く以上、言論の自由をうたう側にも『責任』が伴う。身の安全を確保するための備え、取材経験と現地での人脈、そして初めて伝えられる『事実』、すなわち『結果』が求められる。政府の意向やネット上の批判にとらわれる必要はないが、『自己責任』を貫いた上で現地に行くべきだ⁽³⁶⁾」とする。さらに佐藤は「前例ができたことで今後も様々な渡航が規制され、何も報道できなくなる可能性があるのではないか⁽³⁷⁾」と疑問を呈する。

　批判的なものの中には、海外の政府関係者の意見もみられる。アメリカのジョン・ケリー国務長官は、1月20日に国務省が開いたアメリカの報道関係者とジャーナリストの安全について話し合う会議で、「ジャーナリズムには危険が伴い、リスクを完全に取り除く方法はない。唯一の例外は沈黙を守ることだが、これは降伏だ。何が起きているか、世界に伝わる必要がある。沈黙は独裁者や圧政者に力を与える⁽³⁸⁾」と述べた、と伝えられている。また、フランスでも外務省が「シリアやイラクといった紛争地について、渡航の自粛や退避を呼びかけており記者も例外ではないものの、当局が渡航を禁じることまではない。そもそも外務省には、パスポートの返納を命じたり、渡航を禁じたりする権限はない⁽³⁹⁾」としていることを伝えている。

　3紙に掲載された意見の中で唯一のジャーナリズム研究者といえる、専修大学教授の山田健太は「行くべきか、行くべきでないかは報道機関、ジャーナリストが自ら判断すべきだ。旅券返納命令は憲法が保障する移動の自由、

報道の自由を侵害しかねない」「危険だからとの理由で渡航を強制的に止めてしまえば、戦争当事国からの一方的な情報しか流れない状態になる恐れもある[40]」としている。

メディアとしては、『毎日新聞』が 2 月 10 日の社説で「入国計画を把握した外務省などが当人に渡航中止を求めるのはやむを得ないことだ。残念なのはその手段である。過去に旅券の返納命令が出されていないというのは、その重大さの裏返しであろう。旅券がなければ所持者の海外渡航は事実上、不可能になる。いかに緊急性があったにしても、憲法上の権利に対する強制的な制限を避けるべく、別の方法を最後まで追求してほしかった。外務省はこれまで海外の危険度に応じて渡航自粛の要請や退避勧告を行ってきた。与党内では今回のようなケースに対応するために、より実効性のある措置を求める意見が出ている。しかし、それでは『邦人保護』の名の下に政府が国民生活により広く介入することになり、間接的なメディア規制にもつながる。政府は抑制的に対応し、今回の措置を例外にとどめるべきだ[41]」と主張する。

4. 紛争地への渡航規制に関する意見

紛争地への渡航規制に関しては、5 月 21 日に発表された政府の『邦人殺害テロ事件の対応に関する検証委員会検証報告書』の中に「有識者からは、自由主義に基づく民主主義の不可欠の要素であるジャーナリストの渡航の自由を制限することは原則として行うべきではないが、邦人が拘束されるなどした結果、テロに屈しないという基本方針と人命尊重の原則との間で難しい判断を迫られる事態が生じるため、政府は、危険地域への渡航を企図する個人や企業に対し、注意喚起や渡航延期の要請に全力を尽くすとともに、拘束事案への政府による対応の限界も示し、渡航の是非の判断や対処能力の向上等の危険地域への渡航に伴う責任の自覚を促す必要がある[42]」という指摘があったため、この点に関しても、旅券返納問題と類似した意見が 3 紙に掲載された。

渡航規制に肯定的なものとしては、板橋が「今後、重要な課題となってく

るのが、事件後、シリア北部への渡航を計画していた新潟市の男性フリーカ
メラマンに外務省が旅券（パスポート）の返納を命じたケースだ。……今回
の人質事件がなければ、返納命令という政府の行為はやり過ぎととらえられ
たかもしれないが、あの状況での判断は妥当だったと思う[43]」とし、『読売
新聞』も5月23日の社説で「事件の未然防止のため、危険地域への無謀な
渡航を制限する方法についても、検討が必要だ[44]」としている。

　否定的とまではいえないが規制に対して慎重な意見として、独協大学教授
右崎正博は「渡航制限は必要最小限にするのが大原則」とした上で「制限を
設ける場合、その地域や期間が妥当かどうか、刻々と変わる現地の状況をふ
まえ、客観的に判断できる第三者機関などを設置すべきだ[45]」とした。また、
東京外国語大学教授青山弘之も「政府は、危険地域に邦人を渡航させないこ
とに終始するのではなく、現地の情報をできるだけ把握し、発信する態勢作
りに注力すべきだ[46]」としている。

　渡航規制に否定的なものとして、佐藤は「多くのジャーナリストが戦場取
材で命を落としているが、渡航を抑制する国は聞いたことがない。紛争地帯
の実情が報道されないことで、援助が行き届かなくなってしまうこともある。
国は渡航制限以外の方法で責任を果たすべきではないか[47]」とした。そして、
『朝日新聞』は5月23日の社説で「無謀な渡航はもちろん慎まなければな
らない。ただ、民間による報道や人道支援には意義がある。おしなべて規制
する方向に進むべきではない[48]」と主張した。

5. 専門職としてのジャーナリスト

　本書ではジャーナリストを専門職と位置づけている。そもそも専門職（プ
ロフェッション Profession）とは何だろうか。「(1) 専門職は高度な体系的知
識や理論をもち、それゆえにまた (2) 権威をもち、(3) 社会的な特権を認
められてきた。同時に専門職は、(4) その権威や特権の代償ないし担保と
して自ら倫理綱領を定め、自らの行動を厳しく律してきたが、(5) そのこ
とは専門職に特有の文化を生み出すことになる。ただし、(6) 専門職がそ

の名称を誇ることができるのは、まさに彼らが社会的に重要なサービスを提供するからである⁽⁴⁹⁾」とされるものである。

　ジャーナリストに当てはめれば、まず（1）の高度な体系的知識や理論ということでは、新聞学、ジャーナリズム論あるいはジャーナリズム・スタディーズといわれる学問領域が確立しおり、大学や大学院での研究教育機関及び国内外の学会等も確立している。日本で大学教育としてのジャーナリズム教育が本格化するのは、第2次世界大戦後のGHQ（連合国軍最高司令官総司令部）の占領期である。GHQは日本の民主化のために、アメリカと同様な大学のスクール・オブ・ジャーナリズムでのジャーナリスト養成を強力に奨励した。そうした流れの中で、1946（昭和21）年には慶應義塾大学が新聞研究室を、早稲田大学が政経学部に新聞学科を、そして1947（昭和22）年には日本大学が法文学部に新聞学科を、それぞれ開設する等ジャーナリズムの高等教育機関が設置されだした。日本大学の新聞学科設立要旨は「平和国家として又、文化国家として更生する日本の現状及将来にとって、新聞の担う使命の重大さに鑑み、新聞に関する科学的、総合的研究と新聞人として活躍せんとする人材の育成を主眼とする⁽⁵⁰⁾」となっている。これをみてもわかるように、この時期に開設された各大学のジャーナリズム教育機関は、専門職教育機関として開設されたのである⁽⁵¹⁾。

　（2）の権威についていえば、かつて何かを専門的に解説するような人は、「○○評論家」とか「○○研究家」と名乗っていたものだが、昨今「○○ジャーナリスト」と名乗る人が非常に増えてきたことが象徴的である。ジャーナリストと名乗ることが権威づけになっているわけである。マス・メディアに接触する時間が減る傾向にある今日においても、世の中の日々の出来事の真相を、多くの人々がジャーナリストを介して認識しているという意識の表れである。このことはジャーナリストの不祥事が、一般人であれば報道されないような微罪であっても新聞等で報道されているという事実からも説明できるだろう。

　（3）の社会的な特権に関しては、最高裁は「報道機関の国政に関する報道は、民主主義社会において、国民が国政に関与するにつき、重要な判断の資料を提供し、いわゆる国民の知る権利に奉仕するものであるから、報道の

自由は、憲法二一条が保障する表現の自由のうちでも特に重要なもの[52]」としている。そうした解釈を受けた憲法理論では「報道機関というものが、平等と自律を基本的な生活原理とする市民社会のうちに出発点を置きながら、同時に民主主義な統治構造の構成要素ともなっているという事情の中に存在しているように見える。こうした報道機関の二重の社会的地位は、それに対応する二重の憲法的地位の、つまり、一般市民と平等の法的地位と、一般市民とは区別される特別の法的地位との、微妙な共存を要請せざるをえないと考えられる[53]」といわれている。ジャーナリストには、憲法に根拠づけられた社会的な特権が認められているのである。

（4）の倫理綱領は、今や各メディアに存在するが、その代表的なものは日本新聞協会の新聞倫理綱領である。日本新聞協会と新聞倫理綱領も GHQ が奨励したものである。GHQ の CIE（民間情報教育局）のインボデン新聞課長が「日本の新聞の倫理水準を高め、それを監視する有力な組織[54]」を作り、その組織の倫理綱領を制定するように指示したのである。その際 ASNE（American Society of Newspaper Editors アメリカ新聞編集者協会）の倫理綱領の「抜粋やその他の注意を箇条書きにしたメモ[55]」等が渡され、それを「有力各社の主筆および編集局長からなる小委員会が慎重に逐条審議し、意見がまとまった部分を英訳して新聞課へ持参、するとここかしこを修正して返される。これをまた日本語に訳して小委員会で検討する。このようなことを何回もくりかえして[56]」1946 年に制定されたものである。大学のジャーナリズム教育機関と同様に、新聞倫理綱領は GHQ の方針に沿って、日本のジャーナリストが専門職業人たりうるために制定されたものなのである。

（5）の専門職に特有の文化とは、法曹を象徴するものとして古代ローマの正義の女神ユスティティアが秤と剣を持った姿で描かれたように、その専門職独自の価値観のようなものがある。まさに本書のテーマとも重なるが、例えばジャーナリズムには「ペンは剣よりも強し」あるいは権力を監視する「ウォッチドッグ」等という象徴的な言葉があるように、言論の自由を重んじ権力や暴力に屈しない、という精神はジャーナリズムの文化といえるだろう。また、「ギョーカイ」とカタカナで書くと、マス・メディアに関係した

職業を意味するのも、特有の文化の存在が意識されている象徴といえるだろう。

　（6）の専門職が提供する社会的に重要なサービスとは、これも本書全体を通じて述べていることであるが、例えば（3）の特権の説明と同様の国民の知る権利への奉仕である。インターネット等の発達により、自分の欲しい情報が必要な時に手に入るようになったが、それはあくまで自分が入手しようと思う情報であって、何の関心も動機づけもない情報を入手しようとはしない。しかし、世の中には関心や動機づけがなくても、知る必要がある情報もある。今何が起きていて何について知るべきかを、全て個々人が判断して情報収集するのは不可能である。ジャーナリストが行うサービスは、我々が日々何について知る必要があるのかを認識させるという、社会的に極めて重要なサービスなのである。ジャーナリストはまさに専門職業人なのである。

6. 多元的視点と新世界情報・コミュニケーション秩序の理念

　ジャーナリストが専門職であるということは、それに相応しい倫理的な行為が求められるということになる。ジャーナリズムという活動がニュースを伝える活動である限り、真実を伝えるということはジャーナリストの行為規範である。フェイク・ニュースという言葉が、ジャーナリストに対する罵りや侮蔑の言葉であることからもわかるように、真実を伝えるということは、ジャーナリズムの倫理として世界共通のものといっていいだろう。まさに普遍的な規範といえる。そこでジャーナリストの行為規範の最も重要なものとして、真実を伝えることをあげることができるだろう[57]。

　以上を踏まえれば、後藤が危険を冒してまで取材に行こうとしたのは、シリアのIS支配地域の真実を伝えることが必要と考えたからだろう。しかし、ISのニュースが日本に全く報道されなかったわけではない。日本に報道されているISのニュースに足りないものがあると考えたから、後藤はシリアへ取材に行ったはずである。後藤の行動が倫理的に肯定されるか否かを考えることは、日本におけるIS報道に足りないものは何だったか、真実を伝え

るためには何が必要だったか、を考えるのと同じことである。そのために認識しておく必要があるのが、「新世界情報・コミュニケーション秩序（New World Information and Communication Order）」に関する議論である。

　1948（昭和23）年の国連総会で採択された世界人権宣言の19条には、「すべて人は、意見及び表現の自由に対する権利を有する。この権利は、干渉を受けることなく自己の意見をもつ自由並びにあらゆる手段により、また、国境を越えると否とにかかわりなく、情報及び思想を求め、受け、及び伝える自由を含む」と規定されている。つまり世界中の誰もが自由で平等に情報をやり取りできる、と規定されているのである。しかし、実際の国際的な情報の収集伝達は欧米先進国の大手国際通信社の寡占状態であった。そうした中にあって、1970年代に入り発展途上国を中心に提唱され出すのが、新世界情報・コミュニケーション秩序という考え方である。この考え方を明文化したものとして、ユネスコ（国連教育科学文化機関）が1978年に採択した所謂「マス・メディア宣言」の6条があげられる。そこには「公正で永続的な平和のための制度と、発展途上国の経済的、政治的独立に資する情報の流れの、新しい均衡とより大きな互恵主義を確立するために、発展途上国への、または発展途上国からの、さらには発展途上国間の、情報の流れの不均衡を是正することが必要である。この目的のために、発展途上国のマス・メディアが、力を得て発展するようにし、そして発展途上国間でも先進国のマス・メディアとも協力し合えるようにする、状態と資源を有するべきであることが肝要である[58]」と規定されている。新世界情報・コミュニケーション秩序が提唱された背景としては、次のようなものがあげられる。

　（1）先進国と発展途上国との間では、情報・コミュニケーション媒体や能力の分布に大きな不均衡が存在し、その格差は年とともに拡大する一方であり、これは帝国主義的植民地支配の歴史的遺産である。この不均衡が是正される必要がある。
　（2）国際的な情報の収集・伝達は先進国側のごく少数の巨大な国際通信社に独占されており、それ以外の世界の国民は、国際通信社の眼を通じて相手を見、自分自身を見せるよう強いられている。この状況も是正

されるべきである（巨大な国際通信社として槍玉にあげられたのは、AP、UPI〔以上アメリカ〕、ロイター〔イギリス〕、AFP〔フランス〕、タス〔ソ連〕の五社で、ただし、非同盟側の人でも、五大通信社という人と、タスを除外して四大通信社という人がいるのは興味深い）。

（3）国際的な情報流通において、発展途上国が世界の平和や経済協力、自国の経済的社会的発展のために注いでいる努力の報道は、過小で、偏見があり、かつ歪曲されて伝達されてきた。このような不公正は是正される必要がある。

（4）国際的な情報の均衡のとれた流通をはかるためには、各国の国家的、文化的独自性（アイデンティティ）を相互に十分に確認し尊重することが必要である。

（5）各国の情報メディアの開発は、それらの国の政治的・経済的・文化的独立の中核である。したがってマス・コミュニケーションのインフラストラクチュア（基盤）の整備育成のため、各国はそれぞれに協力する必要がある。[59]

　先進国と発展途上国との経済的、政治的、文化的格差を是正するためには、先進国の目からみた情報だけではなく発展途上国の視点も必要である、という考え方である。多元的な視点から真実を伝えるべき、としたのである。そしてその阻害要因として、AP、ロイター、AFPといった大手の国際通信社による世界の情報の流れの寡占をあげているのである。

　例えば、紛争地の報道であれば、欧米先進国がその紛争をどうみているかばかりでは、多元的な視点からのニュースとはいえない。その紛争の当事者や現地の人々はどう思っているのか、という視点も必要だということである。このような新世界情報・コミュニケーション秩序という考え方は、真実は多元的な視点から捉えられるべき、というジャーナリズム観と繋がっているといっていいだろう。ジャーナリストは多元的な視点で真実の報道をするべき、という考え方が国際的に議論され明文化されているのである。

　現在に目を転ずると、AP、トムソン・ロイター、AFPという三大通信社は今も存在するが、状況は同じではない。ネット全盛の時代を迎えて、SNS

でニュースが流れるようになり大きな変化が生じている(60)。今や SNS を通じて誰もが極めて多くの受け手に、自らのメッセージを発信することができる。その情報は世界中に届く。国際通信社に妨げられることはない。誰もが自室からでも情報を世界に向けて発信することができるし、世界中に多くのフォロワーを持つ人も存在する。自国の利益や所属組織の視点に束縛される必要のない人々が、ジャーナリズムという活動をすることができる。そういう意味では、新世界情報・コミュニケーション秩序という考え方は、実現したといえるかもしれない。

　しかし、世界中の誰もが世界に情報発信できるからといって、その内容が多元的な視点に則ったものであるとは限らない。むしろ、偏狭で自民族中心主義的な意見が溢れているのが現状である。

　それゆえに、現地の声を直接世界に伝えようとする、所属組織からの影響が少ないフリー・ジャーナリスト達の報道は貴重なのである。紛争が起きているような地域には、当然のことながら価値観の対立が存在しているはずである。また、個々のジャーナリストが所属する組織の影響を全く受けないとしても、現地の声を聴かずに多元的な視点から報道するのは不可能である。現に後藤が取材しようとしたシリアでは、IS の他にもアメリカ、ロシア、トルコ、サウジアラビア、イラン、シリア体制派、反体制派等の様々な立場が存在した。紛争地の危険性ゆえ大手通信社さえも取材に行かなければ、ある一部の当事者からの情報、つまりは IS の主張等しか伝えられなくなる可能性もある。国益や文化的相違というものが交錯する国際報道において真実を伝えるためには、多元的視点からの報道が不可欠なのである。

おわりに

　「後藤さんを取材したのは、日本ユニセフ（国連児童基金）協会から紹介されたことがきっかけだ。シリアでは、外務省が日本大使館をヨルダンの首都アンマンに退避させるほど危険な内戦が続く。大手メディアが入らないシリアの激戦地アレッポで、支援を待つ市民や子どもたちを紹介する後藤さん

の報道を、ユニセフは人道・教育支援に貢献するものと高く評価していた[61]」という記事が『毎日新聞』に掲載されていた。報道がなければ、人道的な支援さえ届かないところがあるのだ。

　後藤の行動は、結果として本人や家族ばかりではなく、日本政府やヨルダン政府にも迷惑をかけるものであったかもしれない。しかし、後藤は専門職としてのジャーナリストとしてシリアへ赴いたのである。ジャーナリストにとって、多元的な視点から真実の報道をしようとすることは、規範に則った倫理的な行為である。特に紛争地取材の場合、取材地域が危険であるがゆえに紛争当事者のみからの偏向情報等の問題を伴う。フリー・ジャーナリストの報道は、真実を求める受け手にとって欠かせないものである。そうしたことを考えた時、後藤の行動は少なくとも「蛮勇」等という言葉で非難されるべきではない。危険な紛争地域には本来誰も立ち入らない方が望ましいに決まっている。だからといって、その地域の情報が全くいらないという話にはならない。ジャーナリストが専門職である限り、世界にとって必要なニュースを取材し報道しようとする行為は倫理的なものと評価されるべきである。

　＊本章は、「科学研究費助成事業（学術研究助成基金助成金）：『偏向報道・極化』問題における実証的研究と倫理学的研究の統合的把握（研究種目：挑戦的萌芽研究　研究課題番号：15K12812：2015年4月1日〜2018年3月31日）」による研究成果の一部である。

---

(1)　以下「IS」と表記するが引用文に関してはその文の表記に従う。
(2)　インデペンデント・プレス公式サイト http://ipgoto.com/about　2015年8月28日アクセス。
(3)　後藤健二（2005）『ダイヤモンドより平和がほしい　子ども兵士・ムリアの告白』汐文社　4頁。
(4)　邦人殺害テロ事件の対応に関する検証委員会（2015）『邦人殺害テロ事件の対応に関する検証委員会検証報告』（首相官邸ホームページ）1頁　http://www.kantei.go.jp/jp/singi/syria_h27/pdf/kensho.pdf#search='%E3%82%A4%E3%82%B9%E3%83%A9%E3%83%A0%E5%9B%BD%E4%BA%BA%E8%B3%AA%E4%BA%8B%E4%BB%25

B6%E6%A4%9C%E8%A8%BC%E5%A0%B1%E5%91%8A%E6%9B%B8' 2015 年 8 月 28 日アクセス。

(5)　同報告書　4 頁。

(6)　『朝日新聞』2015 年 1 月 22 日夕刊。

(7)　前掲報告書　44 頁。

(8)　『朝日新聞』2015 年 2 月 9 日夕刊。

(9)　旅券法 19 条　外務大臣又は領事官は、次に掲げる場合において、旅券を返納させる必要があると認めるときは、旅券の名義人に対して、期限を付けて、旅券の返納を命ずることができる。

二　一般旅券の名義人が、当該一般旅券の交付の後に、第 13 条第 1 項各号のいずれかに該当するに至つた場合

（参考　旅券法 13 条　外務大臣又は領事官は、一般旅券の発給又は渡航先の追加を受けようとする者が次の各号のいずれかに該当する場合には、一般旅券の発給又は渡航先の追加をしないことができる。

七　前各号に掲げる者を除くほか、外務大臣において、著しく、かつ、直接に日本国の利益又は公安を害する行為を行うおそれがあると認めるに足りる相当の理由がある者

2　外務大臣は、前項第七号の認定をしようとするときは、あらかじめ法務大臣と協議しなければならない）。

(10)　『読売新聞』2015 年 1 月 25 日。

(11)　『朝日新聞』2015 年 2 月 3 日。

(12)　『読売新聞』2015 年 2 月 2 日。

(13)　同紙。

(14)　同紙。

(15)　『朝日新聞』2015 年 2 月 4 日夕刊。

(16)　『読売新聞』2015 年 2 月 10 日。

(17)　同紙。

(18)　『朝日新聞』2015 年 2 月 3 日。

(19)　同紙。

(20)　同紙。

(21)　同紙。

(22)　同紙。

(23)　同紙。

(24)　『朝日新聞』2015 年 2 月 11 日。

(25)　『読売新聞』2015 年 2 月 10 日。

(26)　『毎日新聞』2015 年 2 月 9 日夕刊。

(27)　『朝日新聞』2015 年 2 月 10 日。

(28)　『毎日新聞』2015 年 2 月 9 日夕刊。

(29) 『朝日新聞』2015 年 2 月 10 日。

(30) 『読売新聞』2015 年 2 月 10 日。

(31) 『読売新聞』2015 年 2 月 11 日。

(32) 『朝日新聞』2015 年 2 月 8 日。

(33) 同紙。

(34) 同紙。

(35) 『毎日新聞』2015 年 2 月 9 日夕刊。

(36) 『朝日新聞』2015 年 2 月 10 日。

(37) 『読売新聞』2015 年 2 月 10 日。

(38) 『朝日新聞』2015 年 2 月 10 日。

(39) 同紙。

(40) 『毎日新聞』2015 年 2 月 10 日。

(41) 同紙。

(42) 前掲報告書　40 頁。

(43) 『読売新聞』2015 年 5 月 22 日。

(44) 『読売新聞』2015 年 5 月 23 日。

(45) 『読売新聞』2015 年 5 月 22 日。

(46) 同紙。

(47) 同紙。

(48) 『朝日新聞』2015 年 5 月 23 日。

(49) 新田孝彦（2013）「第Ⅲ部　専門職倫理序論」『専門職倫理の統合的把握と再構築
　　　研究成果報告書』（平成 21 年度〜24 年度　科学研究費補助金　基盤研究（B）（一
　　　般）研究課題番号 21320001 研究代表　新田孝彦）12 頁。

(50) 日本大学法学部新聞学研究室編（1958）『日本大学新聞学科十年史』日本大学法学
　　　部新聞学科　3 頁。

(51) 拙著（2010）『ジャーナリズム倫理学試論―ジャーナリストの行為規範の研究―』
　　　南窓社　104〜108 頁。

(52) 最小一決昭 53・5・31　刑集 32 巻 3 号　457 頁。

(53) 浜田純一（1990）『メディアの法理』日本評論社　70 頁。

(54) 日本新聞協会（1966）『日本新聞協会 20 年史』90 頁。

(55) 日本新聞協会（1956）『日本新聞協会 10 年史』564 頁。

(56) 同書。

(57) 「真実を述べること」については終章参照。

(58) 訳は「平和及び国際理解の強化、人権の促進並びに人種差別主義、アパルトヘイト
　　　及び戦争の扇動への対抗に関するマスメディアの貢献についての基本的原則に関す
　　　る宣言（マス・メディア宣言）」http://portal.unesco.org/en/ev.php-URL_ID=13176&
　　　URL_DO=DO_PRINTPAGE&URL_SECTION=201.html（文科省ホームページ）
　　　2016 年 5 月 21 日アクセス。

(59) 内川芳美（1989)『マス・メディア法政策史研究』有斐閣　489〜490 頁。

(60) 竹田徹・藤田真文・山田健太監修（2014)『現代ジャーナリズム事典』三省堂　199
頁〜200 頁、藤竹暁・竹下俊郎（2018)『図説　日本のメディア［新版］伝統メデ
ィアはネットでどう変わるか』NHK 出版　51〜53 頁参照。

(61) 『毎日新聞』2015 年 2 月 17 日。

第9章

便宜供与

——日本新聞協会「記者クラブに関する見解」小史

はじめに

　2020（令和2）年5月22日の『朝日新聞』『毎日新聞』『読売新聞』の3紙は、黒川弘務東京高検検事長が新型コロナウイルスに関する緊急事態宣言中に、賭け麻雀をしたことを認めて辞職したことを1面で報じた。一緒に麻雀をやっていたのが、朝日新聞社の元記者の社員1名と産経新聞社の記者2名であったため、ジャーナリストの倫理の問題としても取り上げられた。『朝日新聞』は同社執行役員広報担当のお詫びのコメントを掲載し、『毎日新聞』は鈴木秀美慶應義塾大学教授とジャーナリストの大谷昭宏氏のコメントを載せた。『読売新聞』は社説で「今回の賭けマージャンには、産経新聞記者と、朝日新聞社員の元記者が参加していた。産経、朝日両社は、不適切な行為だったと謝罪のコメントを出した。報道機関にとって、取材源の秘匿は大原則である。同時に、取材対象者との接触を重ねる過程で、違法性を問われる行為に手を染めることがあってはならない[1]」と批判している。ジャーナリストの信頼に関わる大きな問題である。

　遡ること3年、2017（平成29）年5月25日の『朝日新聞』朝刊1面に、「安倍晋三首相の友人が理事長を務める学校法人『加計学園』が国家戦略特区に獣医学部を新設する計画について、今年1月まで文部科学事務次官だ

った前川喜平氏（62）が 23 日、東京都内で朝日新聞の取材に応じた。内閣府から文科省に『総理のご意向』などと伝えられたと記された文書について、前川氏は自らが担当課から説明を受けた際に示されたと証言。獣医学部の新設については、加計学園を前提に検討が進んだとして、『行政がゆがめられた』と語った[2]」という記事が掲載された。その三日前の 5 月 22 日の『読売新聞』には「前川前次官出会い系バー通い」という見出しで、在職中に歌舞伎町の出会い系バーに頻繁に出入りしていたことを報じ[3]、6 月 3 日には社会部長の署名入りで「次官時代の不適切な行動　報道すべき公共の関心事」という見出しで、5 月 22 日の報道をなぜしたのか説明する記事を掲載している[4]。ジャーナリストは、公共の関心事を報道しているはずである。少なくとも、受け手とそういう信頼関係がなければ、ジャーナリズムは成り立たない。信頼されていないと思ったから、いい訳をしたのだろうか。この記事に対しては、『朝日新聞』も『毎日新聞』も批判記事を掲載している[5]。ジャーナリストの信頼に大きく関わる問題である。

　他にも、内閣記者会は、2019（令和元）年 11 月と 12 月の安倍晋三首相との飲食を伴う懇談会開催で批判され[6]、2020 年の新型コロナウイルス対策についての首相記者会見でも「なれ合い」との指摘を受けた[7]。一方、2019 年の京都アニメーション放火殺人事件では、各報道機関が被害者の実名の発表を求めたことが多くの批判を浴びたが、実名を発表するかどうかを警察の側が決めていることに対しては、批判の声はあまり聞こえてこない。経済産業省が 2017 年 2 月から執務室に鍵をかけ、経済産業記者会の取材にずっと非協力的であったり[8]、2020 年 4 月滋賀県警が県警記者クラブに対し、定例記者会見での元看護助手の殺人容疑再審無罪に関する質問を拒否しても[9]、特に注目を集めるわけではない。

　ジャーナリストの信頼に関わるか、あるいはジャーナリストが不信感をもたれているがゆえにか、の大問題がここ最近だけでもかなり起きている。しかしジャーナリストの側に立った意見は、あまり聞こえてこない。なぜだろうか。本章は、以上の出来事の根柢にあるかもしれない「便宜供与」を取り上げる。

　便宜供与とは、相手に特別な計らいをすることである。記者クラブでそん

なことが、取材源とジャーナリストの間で行われていたとする。もしそんなことがあれば、その程度にもよるが、受け手との信頼に関わる可能性があることは、否定できないだろう。本章では、そのような可能性を秘めた便宜供与の問題を歴史的に概観する。

1. 信頼とジャーナリズム

　ジャーナリストが専門職であり、ジャーナリズムという活動がニュースを伝える活動である限り、真実を伝えるということは大原則である。そして、真実を伝えるということは、ニュースとなるような日々の出来事の中に含まれる、多くの事実の中からニュースとして伝えるべき本質的なものを選び出し、それを伝えることといえるだろう。

　しかし、事実の中から本質的なものを選び出すということは、真実を伝えるということが何を本質と考えるかという価値判断を伴うものである、ということを意味する。そうであるとすれば、真実を伝えることがジャーナリストの普遍的な行為規範だとしても、独りよがりの勝手な価値判断による真実では、多くの受け手からは受け入れられないだろう。では逆に、ジャーナリストが伝えるニュースが、真実として多くの受け手から受け入れられるということは、何を意味するのだろうか。それはジャーナリストの価値判断を信頼しているということではないだろうか。もしジャーナリストの価値判断を信頼していなかったら、その受け手は伝えられたニュースを真実かどうか疑うだろうし、そんな疑わしい情報のために、新聞を読んだりテレビを観たりしないだろう。真実と信頼は表裏一体なのである[10]。

　もしジャーナリストの伝達しているニュースが信頼されていなかったら、どうなるだろうか。そのニュースは無意味なものといってもいいのではないだろうか。同様に、もし報道機関が信頼されなくなったらどうなるだろうか。おそらくその報道機関は存在することさえできないだろう。ジャーナリストにとって、何よりも重要なことは受け手からの信頼である、といえるのではないだろうか。社会においてジャーナリズムと呼ばれる活動をしていくため

には、その担い手たるジャーナリストは受け手としての社会の成員からの信頼を獲得する必要がある。そうでなければジャーノリストの活動は無意味なものとなる。そもそも信頼されていないものをジャーナリズムとはいわない、といってしまってもいいだろう。

ASNE 原則声明 3 条「独立」には「ジャーナリストは利害衝突やそのような衝突にみえること、同様に、不適当なことや不適当なことにみえることを避けなければならない。ジャーナリストは自らの誠実さに妥協したり妥協しているかのようにみえる何らかのものを受け取ったり、何らかのことをしたりすべきではない」と規定されている。ジャーナリストが有益な情報を求めすぎるあまりに、情報源に近づきすぎてその情報源に対する批判的立場を見失ってしまったり、その情報源と癒着しているのではないかと疑われたりする、ということを戒めているのである。ジャーナリストの独立性を疑われれば受け手の信頼を失うことに繋がる、ということである。そして、そのような事実が世間一般に認識されれば、一ジャーナリストの問題に止まらずジャーナリズム全体の信頼性に関わりかねないのである。

2. 便宜供与に関する規定

日本新聞協会はこれまでに 4 回、明文化した記者クラブに関する方針あるいは見解を制定している。わざわざ明文規定を作るということは、そうしなければ守られないような行為があるということである。そこで現在に至るまでの 4 回の規定の中に便宜供与に関する規定が、どのように規定され、どのように変化していくかをみていく。そこからある程度、便宜供与のあり方が浮き彫りになると思うからである。

1949（昭和 24）年の「記者クラブに関する新聞協会の方針」には、以下のような規定がある。

　　記者室
　　　新聞記事取材上必要な各公共機関は記者室を作り、電話、机、椅子な

ど記事執筆、送稿などに必要な施設を設け全新聞社に無償且つ自由に利用させることとする。

　最初の規定であるから、比較のしようはないが、記者室の説明をしているに過ぎない規定である。特に問題は見当たらない。
　1978（昭和53）年の「記者クラブに関する日本新聞協会編集委員会の見解」には、7条に以下のような規定がある。

　　　各公共機関は記者室に、什器、備品、電話等を備えて取材・送稿の便宜をはかっている。これらの便宜供与は、当該公共機関を常時取材する記者の活動に対して行われているもので、記者クラブの組織に対するものではない。組織としての記者クラブは会費によって運営されるもので、取材源からはいかなる形においても特別の便宜供与を受けてはならない。
　　　また、取材活動に対する便宜供与といえども、必要最小限にとどめるべきであり、これが過度にわたり、報道機関に対する信頼をそこなうことのないよう留意すべきである。

　記者室をすべてのジャーナリストが自由に使用できることは、1949年の規定で明記されていた。それにもかかわらず29年も経過してから制定された規定に、各公共機関の記者クラブのメンバーだけのものでないことを、明記している。ここから容易に推測できることは、記者クラブのメンバーが排他的に記者室を利用し、各公共機関が記者室に備えて取材・送稿の便宜をはかっている、什器、備品、電話等を占有している状態なのではないか、ということである。さらには、特別な便宜供与を受けないように注意を喚起している文の中に、「組織としての記者クラブは会費によって運営されるもの」と加えている。つまり特別な便宜供与というものが、金銭的な援助に繋がるもの、と捉えるのが普通だろう。そう考えれば、その後に信頼を失わないように注意することを強調しているのも頷ける。要するに、当該公共機関から什器、備品、電話等の取材記事送稿必需品以外の便宜供与を受けている実態がある、ということが窺えるのである。

1997（平成9）年の「記者クラブに関する日本新聞協会編集委員会の見解」には、4条に以下のような規定がある。

記者室
　各公的機関は、国民に対し積極的に情報公開と説明責任を果たすべき使命を有しており、当該公的機関で常時取材する記者の活動に資するため、記者室を設けている。記者室は、ニュースを的確、迅速に報道するためのワーキングルームであり、記者クラブは、記者室を活用し、知る権利にこたえる任務の遂行をはかるべきである。取材、送稿のための施設である記者室と、取材記者の組織である記者クラブとは、あくまで別個の存在である。
　組織としての記者クラブは、会費によって運営されるもので、取材源からは特別な形で、いわゆる便宜供与を受けるべきではない。

　1978年の改正から19年も経過しているにも関わらず、ほぼ同じ内容といっていい。つまり記者室を記者クラブのメンバーが排他的に使用していたり、取材記事送稿必需品以外の便宜供与を受けているという状態は改善されていない、ということが類推できる。特に注目すべき点は、「取材、送稿のための施設である記者室と、取材記者の組織である記者クラブとは、あくまで別個の存在である」とことわっている点である。テレビ・ドラマ等で、新聞記者が「記者クラブに行ってくる」「記者クラブに詰めている」等といっているシーンをみたことがある人もいるかもしれない。しかし、「そんなことがあってはならない」と、この規定はいっているのである。記者クラブとは組織のことで、記者室は当該公的機関の準備したワーキングルームのことである。記者クラブという空間は存在しないのである。ところが、記者クラブのメンバーが、記者室を排他的に使用する慣行が長く続いたために、記者クラブと記者室が同一視されるようになってしまった、ということだろう。それを注意しているわけだが、そのようなことをわざわざ明記しなければならない状態である、ということが類推できる規定である。
　2002（平成14）年の「記者クラブに関する日本新聞協会編集委員会の見

解」には、以下のような規定がある。

　　記者室はなぜ必要か
　　報道機関は、公的機関などへの継続的な取材を通じ、国民の知る権利
　に応える重要な責任を負っています。一方、公的機関には国民への情報
　開示義務と説明責任があります。このような関係から、公的機関にかか
　わる情報を迅速・的確に報道するためのワーキングルームとして公的機
　関が記者室を設置することは、行政上の責務であると言えます。常時利
　用可能な記者室があり公的機関に近接して継続取材ができることは、公
　権力の行使をチェックし、秘匿された情報を発掘していく上でも、大い
　に意味のあることです。
　　ここで注意しなければならないのは、取材・報道のための組織である
　記者クラブとスペースとしての記者室は、別個のものだということです。
　したがって、記者室を記者クラブ加盟社のみが使う理由はありません。
　取材の継続性などによる必要度の違いも勘案しながら、適正な利用を図
　っていく必要があります。
　　記者室が公有財産の目的外使用に該当しないことは、裁判所の判決や
　旧大蔵省通達でも認められています。ただし、利用に付随してかかる諸
　経費については、報道側が応分の負担をすべきです。

　2002年の見解には本文に続いて解説が加えられている。その解説の前文
には、解説を加えた理由が記されている。

　　記者クラブ制度の目的やあるべき姿などについて、日本新聞協会編集
　委員会はこれまで、全国の記者クラブの基本的指針となる統一見解を数
　次にわたり示してきた。しかし昨今、報道を取り巻く環境は激変してお
　り、ジャーナリズム一般に対する国民の目も一段と厳しくなっている。
　　こうした現状認識を踏まえ……記者クラブの位置付けをはじめ総合的
　な見直しを行った。
　　その結果、記者クラブを「取材・報道のための自主的な組織」として

積極的かつ前向きに位置付けるべきである、との結論に達した。また、「閉鎖的」「横並び体質」「特権意識」などという記者クラブへの批判にも、謙虚に耳を傾け、改めるべきものは改めることにした。と同時に、事実誤認などに基づく批判については誤解が解消されるよう、新見解の中で説明を加えた。

　誤解が解消されるよう、としているように2002年の見解は、記者クラブというものの存在意義を広く受け手に理解してもらおう、とするものだということを強調している。この前文に続いて、「1. 目的と役割」「2. 組織と構成」「3. 記者会見」「4. 協定と調整」「5. 記者室」「6. 紛争処理」という各解説がある。2002年の見解は解説も含めて、便宜供与という言葉は出てこない。以前の二つの見解では便宜供与に言及していた記者室に関する解説は、以下のようになっている。

　5. 記者室
　　記者室は、報道機関と公的機関それぞれの責務である「国民の知る権利に応える」ために必要な、公的機関内に設けられたジャーナリストのワーキングルームである。九七年見解では、記者室は報道機関側が公的機関に要求できる権利としていたが、今回は「行政上の責務」とし、公的機関側が情報開示義務と説明責任をこれまで以上に果たしていく必要があることを明確にした。同時に報道側には、ニュースの迅速・的確な伝達や多面的・多角的な補強取材、その後の系統的なフォロー報道のためだけでなく、秘匿された情報の粘り強い発掘などのため、記者室を効果的に活用することが求められている。記者室は、こうした取材活動を担い、情報公開を迫る前線基地と位置付けられる。もっとも、さまざまな公的機関があるから、記者室を実際に設置するかどうかは、その公的機関と報道側で協議する。
　　記者室の利用については、組織としての記者クラブとスペースとしての記者室は別個の存在という立場から、記者クラブ以上に開かれていなければならないことを確認した。公的機関は、記者クラブ非加盟のジャ

ーナリストのためのワーキングルームについても積極的に対応すべきである。

　行政側が記者室を設置・提供することの根拠については、京都府庁舎内の記者室設置が行政財産の目的外使用に当たるかどうかが問われた訴訟の判決で、京都地裁が一九九二（平成四）年二月に、「記者室の供用は、京都府の公用に供するもので、行政財産の目的内使用」との判断を示し確定している。また、一九五八（昭和三十三）年一月に旧大蔵省管財局長通達で「国の事務、事業の遂行のため、国が当該施設を提供する」対象の一つに新聞記者室をあげ、「庁舎の目的外使用には当たらない」との判断が出されている。これらにならい、公的機関の多くは、公的な情報を国民や地域住民に広く知らせる広報活動の一環として記者室を設けており、記者会見場が併設されている公的機関も少なくない。

　記者室利用に付随して生じる諸経費については、実情に応じて実費を負担する記者クラブが増えている。今回の見解では、諸経費は「報道側が応分の負担をする」という基本姿勢を確認した。

　記者室の必要性の説明になってはいるが、本文の規定を含め記者クラブのメンバーが排他的に記者室を利用すべきでないことに言及しているし、記者室利用にかかる経費は応分の負担をすべきであることも確認している。つまり記者室を記者クラブのメンバーが排他的に使用していたり、取材記事送稿必需品以外の便宜供与を受けているという状態はなくなってはいない、ということを暗示しているのではないだろうか。便宜供与という言葉が出てこないのは、記者室の設置が行政上の責務であって、特別にジャーナリストに計らっているわけではない、ということのようだ。便宜供与が問題となるのは、その内容が取材源とジャーナリストの癒着とみられる可能性があるからであって、責務であるか特別な計らいであるかが問題なのではない。言葉の言い換えは、かえって不信を引き起こすことになりはしないか、疑問といわざるをえない。

3. 裁判所の見解

　四つの見解をみてきた時、記者クラブにおける便宜供与の問題は果たして
解決できているのか疑問がわく。例えば、2002年の見解は行政側が記者室
を設置して提供することが「行政財産の目的外使用」にはあたらないという
根拠として、京都の裁判[11]をあげている。しかし、裁判所が目的内使用と
認めたとしても、それは法的に問題がないと認めただけである。倫理学的に
も問題がないかどうかは、この訴訟を詳しくみてみる必要がある。

　この訴訟は京都府の住民である原告が、京都府が所謂府政記者クラブに対
して記者室を無償供与し、記者室の電話代、ファクシミリ代、NHK受信料、
記者室専属女子職員の給与を公金から支出していることを違法とし、このよ
うな違法な便宜供与が報道機関の監視機能や自主性を喪失させ、府民の知る
権利やアクセス権を侵害したと主張したものである。

　原告は第1に、京都府の庁舎内に設置した記者室を所謂府政記者クラブ
に無償で貸与し、その記者室の電話代、ファクシミリ代、NHK受信料なら
びに記者室専属の女子職員の給与を公金から支出したこと等は、地方自治法
238条の4の4項（当時）[12]の制限に違反しているとする。

　次に「記者室は、記者クラブ加盟一三社の記者が、取材基地として、専用
に使用している。その結果、府政担当者と記者クラブ加盟各社の記者との間
に、緊張関係が失われ、馴合い、癒着の関係の原因を作り出している。憲法
二一条に基づく府民の知る権利の保障とは、行政が都合のよい情報を知る権
利ではなく、逆に、行政に都合の悪い情報をも知る権利の保障でなければな
らない。しかし、府政の担当者に自らの不利益になる事実を含めた広報を期
待することは現実的ではなく、そのような担当者が隠しておきたい事実でも、
府民の幸福や安全に重大なかかわりを持つ事実について、府民に明らかにし
ていくことにこそ新聞、テレビ等の報道機関の公共的役割がある。ところが、
右記者クラブの設置により報道機関の記者と府政担当者との緊張関係が失わ
れ、報道機関が府政の監視者としての機能を果たさず、府民の知る権利が侵
害されることになる」として、報道機関の府政監視機能の喪失に基づく府民

の知る権利の侵害を指摘する。

　また「府政担当者は、府政に関する情報を記者クラブで発表する際、これを整理された形で発表することに大変な労力を割く。他方、記者は、多量の発表情報の処理に追われ、自主的に問題意識をもって発表資料を検討し、独自の調査を加えて報道する姿勢を次第に失い、発表資料を鵜呑みにして記事にする。このような行政と報道機関の協力関係は、行政による情報操作を容易にし、報道機関の自主性を阻害する。その結果、府民の知る権利が侵害される」として、報道機関の自主性阻害に基づく府民の知る権利の侵害を主張する。

　さらに「記者クラブ加盟社以外の報道機関を情報提供から除外することによって、その他の報道機関及び府政情報にアクセスする権利も阻害している」として、府民の行政情報へのアクセス権を侵害しているとする。

　判決では「京都府は、府の施策や行事などの公共的情報を迅速かつ広範に府民に周知させる広報活動の一環として、庁舎内に記者室を設置し記者等に使用させているものであって、記者室は、京都府の事務または事業の遂行のため京都府が施設を供するものであり、直截に公用に供されているものといえるから、行政財産の目的内使用に当り、これが、行政財産を第三者に対し、目的外に使用させる場合に該当しないと認められる」ため、記者室の使用に地方自治法238条の4の4項は適用されないとした。

　また「記者クラブは任意の親睦団体であって、京都府はその運営に何ら関与して」いない上に、「府政担当者と記者クラブ加盟記者との間に全く緊張関係が失われ、報道機関が府政の監視者としての機能を果たしていないという事実を認めるに足る的確な証拠がない」ため、「記者室の提供によって、報道機関が府政の監視者としての機能を果さず、府民の知る権利が侵害されるという原告の主張には、理由がない」とした。

　さらに「府政担当者は、府の施策や行事を迅速かつ広範に周知させるために、記者クラブでのレクチャー、資料配付による公表、被告の定例記者会見が行なわれ、その際、記者が記事を書きやすいように、整理された形で発表することに大変な労力を割いていること、府政担当者のあらかじめの説明を受け、解禁日は事実上加盟各社に受け入れられている」が「記者が発表記事

を鵜呑みにし、これを自主的に検討し、独自に調査して報道する姿勢を失ったこと及び京都府が情報操作を行なった事実を認めるに足る的確な証拠がない」ため、「記者室の提供によって、府政担当者による情報操作を容易にし、報道機関の自主性が侵害され、府民の知る権利が侵害されるという原告の主張には、理由がない」とした。

最後に「京都府は、記者クラブ加盟社以外の記者に対して、積極的に情報を公表することはなく、問い合わせがあれば、許される範囲で公表しているに過ぎないこと、農業を営む原告が、二回に亘り、被告の定例記者会見の傍聴の申し出をし、広報課から拒絶されたことが認められる」が、「加盟社以外の記者に対しても、京都府から情報が公表されていること、公表、会見の場所には、スペースの問題があり、加盟社の記者の出席を予定して公表、発表がなされてもやむを得ないこと、……過去に加盟社以外の記者が記者発表や被告の定例記者会見に出席したことがあることに照らせば、記者室の提供がアクセス権を侵害する違法なものとまで認定することはできない」とした。

結局「本件記者室の便宜供用の程度に関する当不当の議論は別として、京都府の行なった本件記者室の供用が違法であるという原告の主張は採用できない」とし、請求を棄却した。

同じ原告が京都市長に対して起こした訴訟[13]も便宜供与に関してほぼ同様の内容であるが、原告は京都市が市政記者クラブ加盟記者に対して行った懇談会も問題にしている。

判決では「本件懇談会の開催は、京都市側からすれば、市政記者等を接遇し、京都市の広報業務を円滑に行うものであり、他方、参加した市政記者の側からすれば、日常の取材活動を補う貴重な機会として捉えられている。このような懇談会は、他の公共機関でも行われている。本件懇談会費の総額は、二〇一万七七六三円と決して少額とはいえないが、右費用には、芸妓代や二次会での遊興費は含まれていない。右懇談会のうち、一人当たりの金額が最も高い二万七六三九円の懇談会は、京都市長、助役二名、収入役等の京都市の特別職が出席し、市政記者関係も三三名の多数が出席した会合である。他の懇談会の一人当たりの金額は、これより低額である。……してみると、本件懇談会が行われるに至った経緯、懇談会の目的、他の地方公共団体におけ

る供応（接待）の実態、出席者の社会的立場、右支出金額等の点からみて、京都市の本件懇談会費の負担が、社会通念上儀礼の範囲を逸脱したものとまでは認められない。したがって、……京都市が本件懇談会を負担することによって、ジャーナリストの倫理違反等の当不当の問題が生ずることは別にして、京都市の市政担当者と市政記者との間に全く緊張関係が失われ、市政記者が自主的な取材活動をしなくなり、京都市民の知る権利が侵害されているとの事実まで認めることはできない」と結論づけた。

おわりに

　この小史の中で注目すべき点は3点であると思う。第1に、全ての「記者クラブに関する見解」には便宜供与に関する規定が存在し続けたこと、第2に、2002年の見解で記者室使用の正当化の根拠としてあげた判例が、記者クラブに対する不信感を持った一受け手が提起した訴訟であったこと、第3に、その訴訟での判決で裁判所は京都府知事が記者クラブに記者室を使用させることは、違法ではないとしつつも「本件記者室の便宜供用の程度に関する当不当の議論は別として」とわざわざいっていること、の3点である。

　第1点からいえることは、便宜供与の問題が50年以上存在し続けたからこの規定をなくすことができなかった、と考えるべきだということである。「記者クラブに関する見解」の規定だけをみて具体的にどのような問題が改善され、どのような問題が残ったのかわかるわけではない。しかし、便宜供与に関する規定を温存しなければならない状況が、続いていたことだけは確かだろう。

　第2点からいえることは、便宜供与の問題が存在し続けた結果として、受け手から記者クラブへの不信感に由来する訴訟を提起されてしまった、ということである。またそれにも関わらず、その判決を記者室使用の正当性の根拠にしている、ということである。確かに、記者室が公有財産の目的外使用に該当しない、ということの根拠にはなる。しかし、2002年の見解は報道界に対する国民の信頼を維持し、記者クラブの目的や役割について広く理解

をえるため、読者にもわかりやすいものにしようとしたものである。どのような背景による訴訟なのかに全く触れず、都合のいい根拠づけだけに使うのは、かえって受け手の信頼を損なうことにならないだろうか。疑問を感じずにはいられない。

　そして第3点からいえることは、裁判所の見解は京都府知事も京都市長も違法ではないが、記者クラブに倫理学的な問題がないかどうかは別の問題だ、といっていると捉えるべきだということである。判決では記者クラブに対する公的機関の便宜供与が、違法性のないものとされていることは事実である。しかし、京都府政記者クラブに関する訴訟の判決では、「記者室の便宜供用の程度に関する当不当の議論は別として」としており、京都市の方でも「京都市が本件懇談会を負担することによって、ジャーナリストの倫理違反等の当不当の問題が生ずることは別にして」とわざわざことわっている点は、重視すべきである。つまり法的な問題は生じないものの、ジャーナリストの倫理という点から考えれば問題があるかもしれない、としているのだと解釈するのが妥当というべきだろう。記者クラブ加盟社の記者のみが閉鎖的に記者室を使用し、自分達専用の雑用係の人件費まで公費で賄うとなれば、批判的な目を向けられても無理な話ではない。取材源とジャーナリストが酒食をともにし、全て取材源が支払っていれば世間からは「接待」にみえる。問題であるといわざるをえない。

　ジャーナリストにとって一番大切なのは受け手の信頼である。ジャーナリストが受け手から信頼されなくなってしまえば、その責務を果たすことはできない。例え法的に問題がなかったとしても、記者クラブの便宜供与問題は、倫理学の問題として慎重に対応すべきものなのである。2002年の「記者クラブに関する日本新聞協会編集委員会の見解」でいう通り、判決は「記者室が公有財産の目的外使用に該当しない」としている。しかし、判決の中にもわざわざ「本件記者室の便宜供用の程度に関する当不当の議論は別として」とことわっている。そして何よりも、この訴訟が一市民の記者クラブに対する不信感から生じたものであることを、見逃すわけにはいかないだろう。この不信感の源となっているのは、50年以上存在し続けた記者クラブに対する便宜供与の問題なのである。

以上は歴史的事実である。今現在全く同じ事が頻繁に繰り返されていると
は思っていないが、最初にあげた内閣記者会の懇談会や記者会見のように、
似たような事例は未だに聞こえてくる。信頼とは歴史的な積み重ねの中で高
まったり損ねたりするものである。過去の便宜供与の問題が、現在のジャー
ナリストへの信頼に影響を及ぼしていない、とはいい切れない。

　黒川検事長との賭け麻雀の事例は、記者クラブの便宜供与問題と同種のも
のである。ジャーナリストと取材源の間の緊張関係が失われて、国民の知る
権利が侵害されるのではないか、という問題である。本来報道されるべき検
事長という地位の人の賭け麻雀が、一緒に仲良く麻雀をしていたジャーナリ
ストによって、報道されることはなかった、ということである。前川氏の出
会い系バーの事例は、少し毛色が違うようにみえるかもしれないが、同一線
上の問題である。読売新聞社が安部政権側と癒着していて、都合の悪い証言
をしそうな前川氏を陥れるために、政権側からリークされた情報を前川氏の
証言が報道される直前に、記事にしたのではないか。そう疑われたのである。
疑われたと思ったから、言い訳のような記事を書いたのだろうと、さらに疑
われたのである。ジャーナリストが取材源と癒着しているのではないか、と
疑われ信頼を失った結果ということができる。記者クラブの便宜供与問題と
は、こういうことに繋がるから問題になるのである。

　京都アニメーションの事例は、被害者の実名報道そのものだけが問題なの
ではない。実名を公表するかどうかの選択権を、行政の側が握っていても大
きな批判は起きないのに、ジャーナリストが求めると大きな批判が起こるの
である。受け手は、行政を信頼し、ジャーナリストを信頼していない、とい
うことにならないだろうか。そのことがさほど論じられもしないことが、大
問題なのである。経済産業省の例も滋賀県警の例も同様である。ジャーナリ
ストの取材活動が制約されていても、誰も危機感を感じていないのである。
これこそが、ジャーナリストが信頼されていない証拠であり、こんな状態の
ままでは未来のジャーナリスト達に多大な迷惑をかけることはもちろん、日
本という社会全体の危機に繋がる。そんなことを考えたらおかしいだろうか。

　今現在同じことが起きているかどうかに関係なく、記者クラブの便宜供与
問題は、ジャーナリストが常に肝に銘じておかなければならないことなので

ある。

　＊本章は、「科学研究費助成事業（学術研究助成基金助成金）：極化現象の分析と『ポスト・トゥルース』時代の倫理学的視座の探求（研究種目：基盤研究（C）一般　研究課題番号：18K00049：2018 年 4 月 1 日〜2021 年 3 月 31 日）」による研究成果の一部である。

---

(1)　『読売新聞』2020 年 5 月 22 日。
(2)　『朝日新聞』2017 年 5 月 25 日。
(3)　『読売新聞』2017 年 5 月 22 日。
(4)　『読売新聞』2017 年 6 月 3 日。
(5)　『毎日新聞』2017 年 6 月 8 日。『朝日新聞』2017 年 6 月 13 日。
(6)　『朝日新聞』2020 年 2 月 14 日。
(7)　『朝日新聞』2020 年 3 月 17 日。
(8)　『朝日新聞』2020 年 3 月 19 日。
(9)　『毎日新聞』2020 年 4 月 17 日。
(10)　拙著（2010）『ジャーナリズム倫理学試論』南窓社　第 6 章参照。
(11)　京都地判平 4・2・10　判タ 781 号　153 頁。
(12)　地方自治法第 238 条の 4 ④　行政財産は、その用途または目的を妨げない限度においてその使用を許可することができる。
(13)　京都地判平 7・4・5　判タ 915 号　110 頁。

ジャーナリストの行為規範

はじめに

　本書は、最初にジャーナリズムがデモクラシーの礎であると位置づけた。ゆえにジャーナリストは、デモクラシーを支える専門職業人であるといえる。つまりジャーナリストは、それに相応しい倫理的な行為が求められる、ということになる。それで、ジャーナリストの倫理的な行為とは何かを示す理論、すなわちジャーナリズムの規範理論が必要とされるのであり、それこそがジャーナリズム論であるとかジャーナリズム・スタディーズといわれる領域の中核を成すのである。

　ただし、ジャーナリズムを取り巻く状況は日々変化している。インターネットの登場と SNS の隆盛により、誰もが情報発信者になれる時代となった。大きな災害の第一報が、たまたまその場に居合わせた人のスマホからの映像や実況であることは、珍しいことではない。ツイッターのつぶやきが、世論に影響を与えた事例もみられる。趣味でニュース・サイトを運営している人も少なくない。今や、専門職としてのジャーナリストでなくとも、後述する定義のようなジャーナリズムと思われる営みに参与することは可能である。ジャーナリズムは、新聞記者や放送記者だけの専売特許ではなくなったのである。

しかし、それゆえに、なぜジャーナリストは専門職であるべきと考えられたのかを確認しておく必要がある。例えば、プレスの自由委員会の問題意識にみられるように、情報発信者としてメディアにアクセスできる者が限られていたから、という背景があるのは事実である。もしそうした技術的な背景のみが理由であれば、あるいは現在、ジャーナリズムは規範理論など必要とするものではなくなった、ということになるかもしれない。しかし果たしてそうだろうか。

　大変大雑把だが、例えば、誰もが自由で平等に意見をいい合うことができれば、従来からのジャーナリズムの役割は果たせるとしよう。そして現在、誰もが自由で平等に情報を受発信できる状況になっているとしておこう。それだけで、我々は自由で平等に意見をいい合うことができるだろうか。

　我々の重要な人権が脅かされるかもしれない事態が、パワーエリートによって巧みに進められていたとしよう。普段我々はそのような事態になっていることを何から知るのだろうか。政治、経済、国際等の諸問題について、独自に各情報源から情報収集しているだろうか。諸問題に関する事実関係は収集できたとして、それが自分にとってどのような問題に繋がるのか、いかなる解説も参考にすることなく、独自に判断しているだろうか。自分の身のまわりで何が起きていて、いつまでにどのように対処しないと、自分がどうなってしまうのか、どのようなことについて情報を獲得する必要があり、どのような発言をどのような場ですべきか、自分自身で確認できるだろうか。

　どのような意見をいうべきかは判断できたとして、平等に情報の受発信ができることを技術的に保障されただけで、我々は自由で平等に発言できるのだろうか。「罵り合い」のようになってしまった議論に、自由で平等に参加できるだろうか。

　後述する定義に使用したプレスの自由委員会の五つの要請は、なぜ導き出されたのだろうか。民主的な制度であるためには、立法・司法・行政の三権だけでは足りず、第4の権力としてのジャーナリズム、すなわちジャーナリズムの制度的な役割が必要だと考えたからであった。そうであるならば、技術的な面で誰もがジャーナリストと対等であるということと、ジャーナリズムの制度的役割が必要かどうかということは、話が別である。

ジャーナリズムが制度的役割を持つものであるとすれば、それを担うジャーナリストが、新聞社や出版社に勤める専門職業人であるか、報道機関に所属しているわけではないユーチューバーであるか、というようなことは問題ではない。ジャーナリズムという制度的役割として、相応しい行為を行っているかどうかが問題なのである。そのような行為に携わる者には、専門職であるかどうかに関わりなく、相応の規範に則る必要があるということである。

　そこで、以下のようにジャーナリズムの規範理論を導き出していきたい。まず、ジャーナリズムという活動が成立するための大前提を踏まえる。次に、ジャーナリズムを定義する。それに則って活動するジャーナリストのアプローチを四つに分類して、特に意見が対立して、「議論」になりうるような問題を扱う際に、どのような対応が想定されるかを考察する。このようにして、ジャーナリストの行為規範の理論化を試みようと思う。

1.「真実を述べること」と「信頼をえること」

　トーマス・W・クーパーは、コミュニケーションの倫理に関わる比較研究の困難さを認めながらも、国際的な宣言やコミュニケーション法等の明文化されたようなものは、調査可能とし[1]、中でもメディアの倫理綱領は比較研究の最も有効な手段であると考えた[2]。その結果、真実・責任・表現の自由という三つの概念が、解釈や文脈上の問題があるものの、多くの倫理綱領に共通した原理でありうるとした[3]。

　ヨーロッパの 30 カ国の 31 のメディア倫理綱領の内容を比較した研究では、「情報の真実、誠実、正確」と「誤報の訂正」は、90％の 28 の倫理綱領に規定されており、最も多くの綱領に共通する項目であることが見出されている[4]。

　メリルは、真実とは何かという問題があることを指摘しつつも、真実を追究することは、ジャーナリズムにとっての基本的な倫理的教義であり、義務倫理学に属するものとしている[5]。

　ランベスは、真実という言葉は、ジャーナリストが明確に理解し尊重しな

ければならない多くの重要性を持つとする。そして ASNE 原則声明の「ニュースの内容が正確で、偏見なく、事実に沿ったものであるということと、いかなる観点も公正に記述されるということを保証するためにあらゆる努力がなされなければならない」という規定の中の、特に「あらゆる努力」に注目する。つまり真実のために最善を尽くそうという姿勢を、ジャーナリストはとるべきと考える[6]。

　クリスチャンズは、言語が社会を構成する主要な手段であるから、真実は最優先されなければならないもので、そうでなければ人間の存在は不可能であるとする。それゆえ真実を述べることは、生命の神聖不可侵というクリスチャンズ倫理学の原初的規範に伴う、基本的な原理の一つなのである。真実を述べるということは、メディアには選択の余地がない、自らの義務としてまっとうしなければならない規範なのである、とクリスチャンズは考える[7]。

　ジャーナリズムという活動が、ニュースを伝える活動である限り、真実を伝えるということは大原則なのである。このように真実を伝えるということは、ジャーナリズムの倫理として世界共通のものといっていいだろう。まさに普遍的な規範といえる。そこでジャーナリストの行為規範の中で最も重要なものとして、真実を伝えることをあげることができるだろう。

　では真実を伝えるということは、どういうことを意味するのだろうか。

　ニュースになるような出来事の中には、多くの事実が含まれている。例えば殺人事件が起きたとする。容疑者は逮捕されるまでに、いろいろなことをしてきたはずである。夜の 9 時頃に殺人を犯したとすれば、食事も 3 回しただろうし、朝起きて歯を磨いたり、着替えたりしただろう。友人に会ったかもしれない。買い物に行ったかもしれない。しかし、そんなことをすべて報道するジャーナリストはいない。「当たり前だ」と思う人が多いだろう。しかし、それではなぜ殺人事件の容疑者が朝食に何を食べたかは、報道されないのだろうか。それは、ニュースになっている殺人事件という出来事の本質と関係ないからである。だから、もし朝食の中に何か特殊な成分を持つものがあって、それを食べたがゆえに容疑者は何か特別な症状を起こして殺人事件を起こしたとすれば、当然朝食は報道されるだろう。では個々の事実が本質と関係あるかないかを誰が判断しているのだろうか。それはジャーナリ

ストである。つまりニュースを報道するという活動は、ジャーナリストがニュースになるような出来事の数多くの事実の中から、本質的なものを選び出して、それを伝えるという活動なのである。この活動を省略することは不可能である。なぜならば、新聞でも放送でも、情報を伝えるための時空間は限界があり、すべてのニュースとなる出来事の最初から最後までの全事実を伝える余裕はない。第1、その出来事の最初と最後を決めること自体が、ジャーナリストがニュースになるような出来事の数多くの事実の中から、本質的なものを選び出す活動である。真実を伝えるとは、そのような活動のことである。

　それでは、ジャーナリストがニュースになるような出来事の数多くの事実の中から、本質的なものを選び出す活動とは、どういうことを意味するのだろうか。事実の中から本質的なものを選び出すということは、真実を伝えるということが、何を本質と考えるかという価値判断を伴うものである、ということを意味する。つまり、真実とはジャーナリストの価値判断に依拠したものということになる。

　ということはジャーナリストが独りよがりの価値判断で、本質かどうかを判断しているとしたら、受け手の多くはそれを真実として受け入れない可能性がある、ということになる。逆にいえば、受け手がジャーナリストの伝えるニュースを真実と信じているのは、なぜだろうか。ジャーナリストの価値判断が正しい、と信頼しているからではないだろうか。つまりニュースを真実として受け入れられるかどうかは、ジャーナリストを信頼しているかどうかにかかっているのではないだろうか。もしある受け手が、ジャーナリストの価値判断を信頼していないとすれば、その受け手は信頼していないジャーナリストのニュースを受け入れるだろうか。トランプ前大統領が、ある一定の新聞社や放送局のニュースをフェイク・ニュースとして、受け入れようとしないのは周知の通りだが、これと同じことである。信頼していないジャーナリストによるニュースは、その人にとっては真実ではないのである。

　出来事の中の事実をまるごとすべて伝えるということができない限り、ニュースは常に部分的な事実でしかない。部分的な事実でしかない限り、その部分を選び出す活動を必要とする。その活動が、対象となる出来事の中から

ニュースとなるべき本質を選び出す活動である、として信頼されない限り、そのニュースは真実ではないのである。つまり信頼されていない限り、真実を伝えることはできないのである。ジャーナリストにとって、真実を伝えることは大前提だが、そのためには信頼される必要があるということである。ジャーナリストの規範として、真実を伝えることと信頼されることは、表裏一体の規範なのである。

2. ジャーナリズムの定義

　真実を述べることと信頼をえること、この二つを大前提とした上で、ジャーナリズムの定義には、プレスの自由委員会の五つの要請をそのまま当てはめるのが、最適ではないかと考える。

　プレスの自由委員会の考え方には、それを理論化した『四理論』の社会的責任論も含めて、肯定的な意見もあれば、否定的な意見もある。肯定的なものとして、社会的責任論をアメリカに特有なものと考えず、たまたまアメリカで生まれただけで世界に共通するグローバルなものと把握し、社会的責任論をワールドワイドに理解することが、ジャーナリストを国際的な理解や平和にコミットさせるという見解がある[8]。

　一方、否定的なものとしては、まず社会的責任論が言論の自由に反するものである、とする批判がある。つまり、社会的責任論は自由を強調する代わりに、社会への責任を強調する。この理論でいう責任が、自由意志による協力ではないならば、それは結局、当該社会を統治する政府によってメディアに課されるということが、必然的なものである。プレスの自由は、正確で有意義な文脈において事実を報道するための社会的責任によって制限される。このような考え方は、プレスの行為を監視し「相応に」プレスが機能し続けるための規制システムの唱道へと導き、もしパワーエリートが当該プレスは責任あるものではないと決定したら、憲法修正1条でさえジャーナリストの自由を守れないということになる、という批判である[9]。

　また『四理論』の類型の仕方に対する批判もある。『四理論』で最も注目

すべき点は、著者達がもっと多くのことを知る必要があるのをいかに自覚していなかったか、ということであり、この書物がこれほど重要視された理由は謎であるが、西側で世界的な広がりで承認されていた冷戦の世界観を基礎として記述され、それゆえ権威を持つようになったと思われる。いずれにせよ、『四理論』が一つの共通理解をうち立てたための他のメディア・システムについての知識不足は、信頼のおけるグローバルな一般化の道へと進ませなかった、というものである[10]。つまり世界中の多くのプレス理論を除外している上に、冷戦期に刊行されたこの文献は、東西の政治的議論を避けることはできなかった、という批判である[11]。

　ジャーナリズムが政治と関わる活動である限り、パワーエリートがその活動にいろいろな形で介入しようとする可能性は、常に存在する。前者の批判は、ジャーナリストの行為規範を考える上では大きな問題ではある。後者の批判の『四理論』のメディア・システムの類型が、冷戦時の西欧的な世界観に偏っているという指摘も、その通りである。前者の批判同様、メディアと国家の関係は重要であり、やはりジャーナリストの行為規範には大きな問題となりうる。

　しかし、どちらの批判も制度論的な議論であって、ジャーナリズムという活動を定義するための議論ではない。ここでは一先ず制度論的な議論は置いておいて、ジャーナリズムという活動の定義をしたいのである[12]。そうした場合に、プレスの自由委員会の五つの要請が、ジャーナリズムという活動の意味として不適切であるという指摘はみあたらない。そこで、以下のように定義したい。

　ジャーナリズムとは、社会の成員に対して、
1. 日々の出来事の意味がわかるような文脈において、そのような出来事の誠実で、包括的で、理性的な説明をすること。
2. 解説と批判の交換の場を提供すること。
3. 社会を構成する諸集団の代表的な実像を映し出すこと。
4. 社会の諸目標や諸価値を提示し、説明すること。
5. 日々の情報に十分に接触できるようにすること。

という五つのことをマス・メディア等を媒介して行う活動である。

　そして、以上のように定義した上で、ジャーナリズムという活動に、社会において具体的にどのようにアプローチするかを加えれば、ジャーナリストの行為規範が決まってくるのではないだろうか。

3. ナショナリスティック・アプローチ

　ナショナリスティック・アプローチは、ジャーナリズムがパワーエリートを中心に考えた国益に寄与すべき、という考え方が基本となる。国民と国家の関係に関しては、以下のような和辻哲郎の考え方があげられる。

　我々はさらに国家自身の根本的な行為の仕方を理解することができる。それは万民をしておのおのその所を得しめると言い現わされているあの人倫の道である。万民が「所を得る」とは個人の生命と財産との安全が保障されるということではない。国家の包摂せるあらゆる人倫的組織がそれぞれ真に人倫的に実現されることである。そのためには生命や財産の安全もまた手段として必要であるではあろう。が、時にはかかる安全を犠牲としても人倫的組織を守らなくてはならぬ。究極の目的は人倫の道であって個人の幸福ではない。万民が人倫的にそのなすべきことをなし得る状態をもし万民の福祉と呼ぶならば、この福祉は快楽に還元せしめられる幸福とは全然質を異にしたものである。

　　万民に右のごとき所を得しめることを我々は正義と呼ぶことができるであろう。それはいかなる人もがそれぞれ私的存在を媒介として共同存在を実現し得るように、そうしてそれらの道の実現の統一として国家の成員たり得るように、仕向けることである。いかなる人にも同様に人倫的可能性を与えるという意味においてそれは平等の保証でもあるが、しかし平等のみが正義の内容ではない。それは同時に人倫的可能性の保証でなくてはならない。ところでこのような国家の保証を東洋では久しく

仁政と呼んで来た。仁政とはただ人民に衣食住の安全を保証することなのではなくして、正しき統治により仁を国家的に実現すること、従ってあらゆる人倫的組織の実現を保証することであった。仁政の始まりと五倫の自覚的実現の努力とは常に結合して物語られた。してみると、正義が国家において実現せられるということと仁政が国家において行なわれるということとは実は一つなのである。[13]

　以上のような考え方の下に、国家の根本的な規定である憲法に則って、国民は行動すべきということになる。ジャーナリストに関していえば、次のような取材・報道の自由論に関する「法的義務説」が、規範の根本となる。

　　法的義務説の特徴は、マス・メディア固有の社会的役割、すなわち社会における公開討論の場を設定し世論の形成を主導するという機能に着目して、取材・報道の自由をそれにふさわしい制度・装置として構成しようとするところにあります。したがって、この法的義務説をとる場合、マス・メディアに対してその地位にふさわしい特権（一般人の有さない自由）と責任（一般人の有さない義務）を付与することが当然に必要となり、マス・メディアの自由は自然人の自由とは異なる内容・構成をもつことになります。[14]

　憲法21条の理念からジャーナリズムの位置づけを考えるものである。憲法12条は、「この憲法が国民に保障する自由及び権利は、国民の不断の努力によって、これを保持しなければならない。又、国民は、これを濫用してはならないのであって、常に公共の福祉のためにこれを利用する責任を負ふ」と規定されている。従って、ジャーナリストの役割は、社会の全成員の公共の福祉に寄与することである。しかし、公共の福祉の明確な定義はどこにも示されていない。国家は憲法に則って国政を行っているわけだから、当然公共の福祉のために行っていることになる。少なくとも、明確に違憲となるような国政を行わない限り、それを「公共の福祉のため」と主張することは可能であろう。ここでは国政を担う者をパワーエリートとしておく。する

と、時のパワーエリートの考える公共の福祉、換言すれば国益がジャーナリストにとっても公共の福祉ということになる。ジャーナリストが公共の福祉を判断すればいい、という考えもありうるが、それでは法的義務やマス・メディアの地位にふさわしい特権を、ジャーナリスト自ら恣意的に判断できてしまう。その場その場では、ジャーナリストが自身で判断するにしても、何らかの判断基準は必要である。あるいはまた、国民に判断してもらうのかというと、時と場合にはよるだろうが、考えられうる多くの場合は国民の価値観が多様すぎて、日々のジャーナリズムという活動の判断基準にはなじまない。

　このアプローチでいうナショナリズムとは、一般的な右翼的国家主義のみを意味するものではない。メリルの社会的責任論批判で述べられた、パワーエリートがジャーナリズムの社会的責任を規定する、という状況と同様のものである。ナショナリズムかどうかは、国家体制によって決まってしまうと考えがちだが、パワーエリートの考えを忖度するジャーナリストがいれば、どれほど言論の自由が保障されていても、このアプローチのジャーナリズムは存在する。また、パワーエリートが極めて優れた善政を敷いていれば、自然とこの状態になるかもしれない。パワーエリートの統治を支援し、その政策を後押しすることは、パワーエリートの側からすれば公共の福祉に適った行為であり、国益に寄与することである。ナショナリスティック・アプローチといって間違いないだろう。

　和辻によれば公共性とは以下のようなものである。

　一般に或る団体は、その秘密が隠さるべきものである限り、私的という性格を担っていると言ってよい。そうしてこれらの私的存在は、公共的存在とはちょうど反対に、その存在があらわになることを、すなわちその「公表」や「報道」を、拒むのである。従ってまたそれは、公表され報道されることによって、すなわち「暴露」されることによって、その私的性格を失い公共性を獲得するのである。

　我々はこのような公共性が常に事の真相をあらわにしているというのではない。それはむしろ真相を覆う場所でさえもあるであろう。公表を

拒んでいる私的存在の中へ推測や想像をもって入り込み、その拒絶の意に反してそれを公共性にもたらすのが、うわさとか新聞の報道とかの日々に繰り返しているところである。[(15)]

　つまり私的存在に公共性をもたらすものが、公表や報道であり、従ってジャーナリストは私的なものであっても、公共性を付与する役割を担うのである。そこで問題になるのは、ジャーナリストの行為規範である。ジャーナリズムとは、社会においてなされるジャーナリストの活動である。そうである以上ジャーナリストの行為規範は、社会を構成する成員としての行為規範でなければならない。つまりジャーナリストとそれ以外の社会の成員との関係の中で、考えていかなければならないのである。そのような人と人との間柄を考察する和辻倫理学の文化共同体に関する記述は、ジャーナリズムの倫理学を考察する上で有効な手掛かりになると思われる。
　和辻は文化共同体について述べる前に、言語に注目する。

　　言語は言語活動において作られ、言語活動は言語において行なわれるのであるが、しかし言語活動が相互了解性の表現である限り、言語が単に文化財の一つとしての地位にとどまることはあり得ない。すなわち言語は人間存在のあらゆるすみずみに行きわたり、人間の創作活動のあらゆる種類に関与する。芸術、学問、宗教、道徳など、すべて言語をもって形成するという契機を持たないものはない。[(16)]

　このような言語に関する前提の上に、和辻は文化共同体に関する考察を進めるのである。

　　家族共同体や地縁共同体には当然言語の共同が含まれている。しかしこれらの共同体は言語の共同を基礎として成り立ったのではない。しかるにこれらの共同体の外にあって、言語が共同なるがゆえに成り立つ共同体がある。言語は最も普遍的な文化財であるから、我々はこの共同体を他から区別して文化共同体と呼ぶことができる。[(17)]

このように文化共同体を位置づけておいて、和辻は、文化共同体における人と人との間柄を、「友人」「友情」という概念を用いて説明する。

　　たとい友情の概念が茫漠としているとしても、少なくともそれを家族愛や隣人愛から区別する方が、友情の現象に対しては忠実であると我々は考える。しからば家族共同体や地縁共同体を超えて文化共同体を考える場合に、これを友人的合一として取り扱うのは、きわめて妥当ではなかろうか。前には土地の共同を最も端的に示すものとして「隣人」をあげた。そのようにここでは文化の共同を最も端的に示すものとして「友人」を捕える。前には隣人的存在共同が土地の共同体の本質的特徴を示すと考えたが、ここでも友人的存在共同は文化共同体の本質的特徴を示すものとして取り扱われる。[18]

　そして和辻は、「友人」の道が「信」と呼ばれたことに注目する。

　　信は「まこと」（真実）でありまた「まこととすること」（信頼）である。すなわち我々が人間の行為の根本的な理法として説いた信頼と真実にほかならぬのである。それは行為の仕方の根本的なものなのであるから、人間の存在共同のどの段階をも貫ぬいて存している。しかし家族的、地縁的等のさまざまの段階に現われるときには、それに応じてそれぞれ特殊の名をもって呼ばれた。たとえば妻の信は貞操であり、子の信は孝行であり、弟の信は悌順であった。しかるに友人はこれらの種々な限定を超えて最も開放的な、最も閉鎖的でない人間関係に立っている。そこで人間行為の根本理法たる信は、特殊な名に現われることをやめて端的に己れを現わして来たのである。この点より言えば友人の道は最も一般的な人間の道なのであって、特に友人的として限定されたものではない。が、また逆に言えばかく限定されないということがまさに友人の道の特徴なのである。だから模範的に示された友人の道はまた人間の道の模範になる。[19]

ジャーナリズムとは、言語を使ってニュースを伝達する活動である。従って、和辻のいう文化共同体に含まれるものであると思う。その文化共同体の道を和辻は信とした。つまりジャーナリストは、真実を述べることと信頼をえること、この二つを大前提とした上で、公共の福祉に寄与するよう努めるのである。

4. リバタリアン・アプローチ

　所謂「思想の自由市場論」を基本的な考え方とする。代表的なものとして、ミルの次のような主張がある。

> 　意見の発表を沈黙させることに特有の害悪は、それが人類の利益を奪い取るということなのである。すなわち、それは、現代の人々の利益を奪うと共に、後代の人々の利益をも奪うものであり、また、その意見を懐抱している人々の利益を奪うことはもとより、その意見に反対の人々の利益をさらに一層多く奪うものである、ということである。もしもその意見が正しいものであるならば、人類は誤謬を棄てて真理をとる機会を奪われる。また、たとえその意見が誤っているとしても、彼らは、これとほとんど同様に重大なる利益――即ち、真理と誤謬との対決によって生じるところの、真理の一層明白に認識し一層鮮かな印象をうけるという利益――を、失うのである。[20]

　人間はいかなる権威からも独立して君臨し、個人はそれ自体が目的であるという考え方である。自律は人間性の核であり、生活の中心をなす理想である。自己決定が最高善となるのである[21]。従って、ジャーナリストの役割は、社会の個々の成員の自由な権利行使に寄与することである。

　ジャーナリストも言論の自由を保障された一個人であるから、意見を述べることにおいては、ジャーナリストも受け手たる他の社会の成員も変わりはない。ただし、デモクラシーの前提として、すべての社会の成員が、自由で

平等に意見を述べる権利を行使できることが求められる。それを阻害するようなパワーエリートの権力の濫用は、許されない。そのような濫用が起きないようにチェックする、ウォッチドッグの役割が、ジャーナリストに求められる最も重要な役割である。ジャーナリストは、ウォッチドッグの役割を中心に、社会の個々の成員の言論の自由と知る権利に資するために、真実を、偏向せず、十分に、公正に報道することを使命とする。

　このようなジャーナリストの規範となるのは、カントの義務倫理学である。カントは、我々の行為の指針のために採用すべき、具体的な倫理学的規則を決定するための必然的原理として「君の意志の格律が、いつでも同時に普遍的立法の原理として妥当するように行為せよ[22]」という「定言的命法」を提示した。要するに、カントは、人が同じ状況にあれば、誰もが応用すべきものを自分の規則にするよう気をつけるならば、倫理的に行為している、とするのである。義務論にとって重要なものは、行為がなされてきた原理である。格律を適用するためのテストは、結果から独立したものでなければならない。定言的命法は、ジャーナリストが行為するすべての格律をテストすることを、当該ジャーナリストに許すであろう原理や一般的規則である。定言的命法は、特定の事例で応用される特定の規則について、考える指針となるよう奉仕する。もしジャーナリストが定言的命法を受け入れるならば、当該ジャーナリストは、自身が従うための特定の規則や指針を思い続ける必要はない。当該ジャーナリストがさまざまな場合に、定言的命法のテストを通過するならば、それに基づいた行為は倫理学的に健全であり、当該ジャーナリストは有徳であると考えられるのである[23]。

　もし我々が、カントに例証されるような倫理学の絶対的な理論を投げ出すならば、その場合道徳性の議論は好みや勝手な選択といった、分別の類とはかけ離れた議論にしかならない。「これは正当なジャーナリズムの決定である」という見解は、まさにある人が、ただ「私はこの決定が好きだ」ということを意味するに過ぎない。倫理学が相対主義の形をとれば、状況が倫理学を支配することになり、文脈が正誤を決定するということである。相対主義は、その個人主義的な雰囲気のために興味をそそるけれども、拒否しなければならない。相対主義は、全く倫理学的な立場ではない。むしろ相対主義は

「非倫理学」または「反倫理学」である。倫理学の問題が客観主義、すなわち状況や文脈へと希釈される時、その問題は倫理学としてのすべての意味を失うのである。それではジャーナリストの倫理学は、「個人的なもの」であるべきなのだろうか。それとも「集団的に是認」された社会的な道徳性や規範である綱領、信条、標準、その他集団的に決定された協定等によるべきなのだろうか。要するに、ジャーナリストは自分自身の倫理綱領を決定すべきなのだろうか、それとも集団の価値を受け入れるべきなのだろうか。今日ジャーナリズムの世界のあちこちで、オンブズマン、プレス評議会、プレス・コートのような機関が存在する。このような機関や調停者は、個人的自律的倫理学ではなく、社会的に圧力をかけられ強制される倫理学の傾向をもつものである[24]。

　ジャーナリストにとって自律は最高の価値であり、自己以外の決定に従う者は自身を裏切り、自らの本質や本来性を喪失する。ゆえに自由はジャーナリズムの中心をなす問題である[25]。人は自分で自分の行為を決定する選択ができなければ誠実さを保つことはできない。選択という行為を構成するものは、人の最も本質的なものである。選択は自由の結果であり、換言すれば選択は自由な雰囲気においてのみ実際の意味を持つ。人が自分の生活をしている時、生活の価値はその人がその生活の中に注いだものによって判断される。価値は人の個人的自由の投影である。自由は人の本質を構成するものとほぼ同義であり、人の最も基本的な欲求は独立のための、自由な選択である。自由の拠り所は責任である。人は自分自身のために、あるいはその人の行為や行為の結果に責任を持つ。他の誰もその人のことのために責任は取れない。各自は自由に行為しなければならないし、その行為の責任を受け入れなければならない[26]。

5. リベラル・アプローチ

　次の『正義論』におけるロールズのような主張を、基本的な考え方とする。

すべての人びとは正義に基づいた〈不可侵なるもの〉を所持しており、社会全体の福祉〔の実現という口実〕を持ち出したとしても、これを蹂躙することはできない。こうした理由でもって、一部の人が自由を喪失したとしても残りの人びとどうしでより大きな利益を分かち合えるならばその事態を正当とすることを、正義は認めない。少数の人びとに犠牲を強いることよりも多数の人びとがより多くの量の利便性を享受できるほうを重視すること、これも正義が許容するところではない。[27]

　全ての社会の成員に保障された権利は、平等に行使できるようにすることが、正義なわけである。しかしプレスの自由委員会には以下のような問題意識があった。

　1.　人々に対するプレスの重要性は、マス・コミュニケーションの手段としてのプレスの発展と共に、著しく増大してきた。同時に、マス・コミュニケーションの手段としてのプレスの発展は、プレスを通じて自らの意見や考えを表現することができる人々の割合を、著しく減少させてきた。
　2.　マス・コミュニケーションの手段としてのプレスという機構を使用できる僅かな人々は、社会の必要に対して十分にサービスを提供してこなかった。
　3.　プレスという機構の管理者は、時々社会が非難し、もし継続すれば規制や統制を不可避的に受けるようなことをしてきた。[28]

　言論の自由を保障するだけでは、社会の個々の成員は、その権利を行使できなくなっているという認識である。そこで登場してくるのが、次のような「社会的責任論」という考え方である。

　自由はつねに義務をともなっているものであって、われわれの政府のもとで特権的地位を享受しているプレスは、社会にたいして、現代社会におけるマス・コミュニケーションの一定の基本的な機能をはたす責任を

負うよう義務づけられている。プレスがその責任を認め、それを運営政策の基盤にするばあいにはじめて、自由主義制度は社会の必要を充たすであろう。もしプレスがその責任を考えぬばあいには、マス・コミュニケーションの基本的機能がはたされているかどうかを、なんらかの別の機関が調べるべきである、ということである。[29]

　ジャーナリストの役割は、社会の全成員の平等な権利行使に寄与することである。ジャーナリストは、社会の全成員が言論の自由の権利を平等に行使できるようにする責任があり、そのための特権的地位を有する。つまりジャーナリストは、社会の全成員の言論の自由の権利行使のための受託者なのである。ジャーナリストの行為規範は、受託者として、社会の各成員が自らの意見形成に必要な情報を伝え、自らの意見表明ができない社会の成員の代弁者として多様な意見を取り上げる、ということである。

6. コミュニタリアン・アプローチ

　次のような「権利の政治学批判」を基本的な考え方とする。
　個人の権利の政治学においては、公正の過程は共通善の概念を上回る優先権を持つが、そのためには、我々個々人のアイデンティティが歴史や文化から分離して確立されうる、ということを前提とすることによってのみ、我々はそのような優先権を受け入れることができる。しかし、我々人間のアイデンティティは、善の社会的な概念の中で構築されるから、我々は個人の権利を政治的秩序の礎石にはできない。このような公正としての正義に基づく個人の権利が、共通善に優先することは、否定されるべきである。なぜならば、個々人の権利は、個々人のアイデンティティの確立なくして、存在しえない。しかし、個々の人間のアイデンティティというものは、自らを取り巻く歴史や文化等の中から、確立されていくものである。ところが、共通善もまた歴史や文化等の中で確立していくものである。そうであるとすると、権利が共通善に優先するということは、権利は歴史や文化等と別個に確立するという

ことである。要するに、個々人のアイデンティティの確立よりも先に、個々人の権利が確立するということは考えられないから、個人の権利が共通善に優先するということは考えられない、ということである。何が保護する価値であるかは、人間のアイデンティティや利害といったものの枠組みとなる、特定の社会状況の中でのみ確かめることができる。我々の個性は、どこからともなく形づくられるのではない。我々は、価値や意味が前提とされ、それらの交渉が行われる、社会文化的な世界の中に生まれるのである。社会システムとしてのコミュニティは、その居住者よりも先から存在し、その居住者が去った後も持続する。それゆえ、道徳的に適切な行為はコミュニティに向けたものである。もし我々の自由が他者の繁栄の助けとなっていなかったならば、我々自身の福祉は否定されるのである。我々の達成感とは、決して孤立して到達できるものではなく、人間の結びつきを通じてのみ到達できるものである(30)。

　リベラリズムの観点からすれば、自我が達成目標を選択するのであって、あらかじめ達成目標が設定されているのではなく、まず自我が存在し、その自我が数多くのものの中から目的を選択するのである。しかし我々のアイデンティティというものは、どこからともなく降って湧いてくるものではない。各自が生まれたコミュニティにおいて形成されるのである。そして、そのコミュニティには、独自の歴史や文化がある。我々は、自らが生まれ育ったコミュニティの歴史や文化を前提としたアイデンティティを確立する。自我が、このコミュニティを前提としたアイデンティティと切り離されることはない。一方、リベラリズムが達成目標と位置づける善も、コミュニティの歴史や文化を前提として形づくられる。したがって、自我と達成目標としての善は、別個のものとして存在することはありえない。我々が、価値や意味が前提とされ、それらの交渉が行われる、社会文化的な世界の中に生まれる以上、自我と善は別個に存在しえない。自由で平等な権利を保証するだけでは、価値としての善の衝突を避けることはできない。そこで必要なものは、共通善なのである。

　従って、ジャーナリストの役割は、社会の全成員の共通善に寄与することである。このようなジャーナリストの規範となる理論が、次のような「トラ

ンスフォーマティブ・ジャーナリズム論」である。

　リベラリズムにおいて、ジャーナリズムの中立性は個人の自由のために必要である。個人の自由を至上のものとして保障するために、社会の基本的な制度は、善というような相対的に異なるような概念について中立的であるべきなのである。社会の成員は、多数決原理により、善き生活の概念を自由に選べるべきなのである。しかし、コミュニタリアニズムにおいて、ジャーナリズムの使命は、中立的なデータを偏りなく報道することではなく、社会の成員のトランスフォーメーションである。受け手に正しい資料を供給するばかりでなく、ジャーナリズムの最終的な目的は、道徳的リテラシーを持たせることである。ジャーナリストは、コミュニティ発展の担い手であって、単なる客観情報の伝達という、ニュースに関する主流の規範は、否定されるべきである。コミュニティの生活を活気づけるために、ジャーナリストは、責任ある行為とは何かというようなことを理解し、説明する必要がある。ニュースを客観的な情報と考えることは、グローバルな時代における文化的政治的複雑さに対しては、狭義に過ぎる。ジャーナリズムの使命は、知識そのものではなく、コミュニティの活力を生み出すことである。問題なのは、社会の成員が自らの社会を改善するには何が必要か、どうすれば達成されうるのか、ということである。ジャーナリズムの主な使命は、ウォッチドッグの役割ではなく、コミュニティに基づく報道である。それは、表明された社会の成員の態度、定義、言語等に共鳴するものである。パワーエリート等によって定義された、上意下達の争点を提示される存在ではなく、社会の成員は積極的で責任あるものと考えられるのである。コミュニティが、直面する問題自体に対応することを可能にする我々の道徳的判断基準は、コミュニティによって引き出され、共有された討議を通じて育まれるものである。ジャーナリズムが、ニュース、社説、特集記事、調査報道等において道徳の範疇を扱う時、その内容はコミュニティの中で深く認識されている必要性と、見合ったものになるのである⁽³¹⁾。

　この考え方からすると、多数決で51%が賛成すれば、49%は不本意でも沈黙しなければならない社会をデモクラシーとは考えない。すべての社会の成員が、熟議に参加し共通善を見出せる社会が、デモクラシーといえるので

ある。そのために個々の成員が熟議に参加できるように、トランスフォーム
するのが、ジャーナリズムの役割である。

おわりに

　ジャーナリストが、対立する議論になるような出来事を報道する場合、真
実を伝えることは当然である。しかしその真実の伝え方のスタンス、特に意
見の取り上げ方としては、各アプローチによって異なる。ただし、ここで述
べるのは、現代の日本についてのことであるから、既に確立している日本国
憲法の解釈を全く無視したものにはなりえない、ということは確認しておく。
　ナショナリスティック・アプローチは、公共の福祉の観点からジャーナリ
ズムという活動を行う。意見が対立している場合は、公共の福祉の観点から
事実と意見等を取り上げる。逆にいえば公共の福祉に反する事実や意見は取
り上げない、ということになる。現行の日本国憲法の解釈による限り、パワ
ーエリートの気に入らないような議論は無視していいという話にはなりえな
いが、公共の福祉の判断基準がパワーエリートからみた国益になってしまい
がちなことは既述の通りである。
　リバタリアン・アプローチは、カントの定言的命法を踏まえていることを
前提に、個々のジャーナリストが正しいと考えるところの、ジャーナリズム
という活動を行う。意見が対立している場合は、ジャーナリストが必要と考
える事実と意見等を取り上げる。社説等を使って、個々のジャーナリストが
正しいと考える意見を積極的に主張する。
　リベラル・アプローチは、社会の全成員の受託者という観点からジャーナ
リズムという活動を行う。意見が対立している場合はその時点で存在する意
見は、できる限りすべて詳細に取り上げる。各意見に関して客観的に報道す
る姿勢を取る。
　コミュニタリアン・アプローチは、社会の全成員がしっかりとした考えを
持って共通善を追求できるようにする、という観点からジャーナリズムとい
う活動を行う。意見が対立している場合は、社会の全成員が議論に参加でき

るようにすることを考えて報道する。どのような意見が、コミュニティにどのような影響を及ぼすのか、という解説や司会的な意見の整理の要素を持った報道が主になる。

　以上のように、どのようなアプローチをとるかによって、ジャーナリストの行為規範も決まってくるのである。このように述べてしまうと、結局ジャーナリズムの規範とは、全く相対的なように思えるかもしれない。しかしそうではない。ジャーナリズムの制度的役割は、社会の全ての成員に、正しい議論の「場」を共有させることである。そういう点で、普遍性が求められるのである。既述のように、誰もが情報発信をできる状況の中では、誰もがジャーナリストの役割を担えることになってしまう。だからといって、自らに都合のいい事実によって、偏った主張や対立する相手を罵るだけのような意見ばかりを取り上げていれば、罵り合いのような議論が展開されることになる。そのため、ジャーナリストはどのアプローチをとるにせよ、真実を述べるということと、信頼をえるということは大前提なのである。

　だとすれば、単なる罵り合いと化している議論の一方に肩入れするような報道をすれば、もう一方の信頼をえられなくなるのは当然である。また、その議論の中で主張されているそれぞれの意見が、なぜ何のために必要なのかを正しく伝えていなければ、真実を伝えたことにはならない。さらには、既述のジャーナリズムの定義にも当てはまらなくなってしまう。

　つまり、ジャーナリストが、対立する議論になるような出来事を報道をする場合、どのような出来事を大きく扱うかとか、どのような出来事については社説等で明確に意見を述べるか、というような点でアプローチによる差は出る。まして、どのような結論であるべきかということに関すれば、個々のジャーナリストに全く相違がみられない、ということはないだろう。しかし、当該議論の議長役や司会役として、議論を正しく展開させるというのは普遍的な規範といえるだろう。

　ただし、趣味のレベルのブロガーに「規範に則るべき」といってみたところで、「私の勝手だ」といわれる可能性は否めない。それを非難する権利は誰にもないかもしれない。そういう意味では、ジャーナリズムや正しい議論とはどのようなもので、それに関わる規範とはどのようなもの、ということ

は教育によって浸透させるべきものかもしれない。誰もが情報受発信者になりうる昨今、正しい議論とジャーナリズムの役割というテーマは、大学のジャーナリズム関係学部・学科はいうに及ばず、初等、中等教育にさえも重要な位置を占めるべき教育テーマとなっているのである。

　教育を充実させるためには、その土台となる基礎的な理論が必要となる。これまで述べてきたジャーナリズムの規範理論が、ジャーナリズムの制度的役割のための教育に、非の打ち所がないほどの基礎理論を打ち立てた、とは自惚れていない。しかし一石を投じるぐらいのことはできたのではないかと考えている。

---

(1)　Cooper, Thomas W. (1989) "Global Universals: In Search of Common Ground." in Cooper, Thomas W., Christians, Clifford G., Plude, Frances Forde, & White, Robert A. (eds.) *Communication Ethics and Global Change.* New York: Longman. pp.22-26.

(2)　Ibid., pp.30-31.

(3)　Ibid., pp.31-37.

(4)　Laitila, Tiina (1995) "Codes of Ethics in Europe." in Nordenstreng, Kaarle (ed.) *Reports on Media Ethics in Europe.* University of Tampere. pp44-46.

(5)　Merrill, John C. (1997) *Journalism Ethics: Philosophical Foundations for News Media.* New York: St. Martin's Press, Inc. pp.174-177.

(6)　Lambeth, Edmund B. (1992) *Committed Journalism: An Ethic for the Profession, 2nd ed.* Bloomington: Indiana University Press. pp.24-27.

(7)　Christians,Clifford G. (1997) "The Ethics of Being in a Communication Context." in Christians, Clifford. & Traber, Michael (eds.) *Communication Ethics and Universal Values.* Thousand Oaks: Sage Pub. Inc. pp.13-14.

(8)　Nordenstreng, Kaarle & Christians Clifford G. (2004) "Social Responsibility Worldwide." *Journal of Mass Media Ethics*, Vol.19, No.1, p.25.

(9)　Merrill, John C. (1974) (reprint 1990) *The Imperative of Freedom: A Philosophy of Journalistic Autonomy.* New York: Freedom House. pp.86-87.

(10)　Curran, James & Park, Myung-jin (2000 = 2003) "Beyond globalization theory" In Curran, James & Park, Myung-jin (eds.) *De-Westernizing Media Studies.* London: Routledge. pp.3-4.（杉山光信・大畑裕嗣訳『メディア理論の脱西欧化』勁草書房 2〜4頁。）

(11)　Ward, Stephen J.A. (2015) *Radical Media Ethics: A Global Approach.* Chichester: Wiley

Blackwell. p.63.

(12) 例えば、清水幾太郎の「一般の大衆にむかって、定期刊行物を通じて、時事的諸問題の報道および解説を提供する活動」（清水幾太郎（1949）『ジャーナリズム』岩波書店 28 頁）という定義の「定期刊行物」を「マス・メディア等」とでも修正すれば、もっと簡単な定義ができあがる。しかしこれでは新聞記者や放送記者の仕事の定義にはなるかもしれないが、規範理論としてのジャーナリズム論のジャーナリズムを定義したことにはならないと考える。

(13) 和辻哲郎（2007）『倫理学（三）』岩波書店 56〜57 頁。

(14) 大石泰彦（2004）『メディアの法と倫理』嵯峨野書院 21 頁。

(15) 和辻哲郎（2007）『倫理学（一）』岩波書店 228〜229 頁。

(16) 和辻哲郎（2007）『倫理学（二）』岩波書店 374 頁。

(17) 同書 371 頁。

(18) 同書 424〜425 頁。

(19) 同書 434〜435 頁。

(20) Mill, John Stuart (1859 = 1971) (reprint 1946) *On Liberty*. Oxford: Basil Blackwell. pp.14-15.（塩尻公明、木村健康訳『自由論』岩波書店 36〜37 頁）。ただしミルの思想がリバタリアニズムの代表的なもの、という意味ではない。

(21) Christians, Clifeord G., Fackler, Mark & Ferré, John P. (2012) *Ethics for Public Communication: Defining Moments in Media History*. New York: Oxford University Press. p.x.

(22) Kant, Immanuel. (1788 = 1979) Kritik der praktischen Vernunft, in: Ernst Cassirer (Hrsg.) *Immanuel Kants Werke*, Bd.5. Berlin: 1922, S.35.（波多野精一・宮本和吉・篠田英雄訳『カント 実践理性批判』岩波書店 72 頁）。

(23) Merrill, John C. (1974) (reprint 1990) *The Imperative of Freedom: A Philosophy of Journalistic Autonomy*. New York: Freedom House. pp.164-166.

(24) Ibid., pp.168-170.

(25) Ibid., p.203.

(26) Ibid., pp.188-189.

(27) Rawls, John (1971 = 2010) *A Theory of Justice*. Cambridge: Harvard University Press. pp.3-4.（川本隆史・福間聡・神島裕子訳『正義論』紀伊國屋書店 6 頁）。

(28) Commission on Freedom of the Press (1947) (reprint 1974) *A Free and Responsible Press: A General Report on Mass Communication: Newspapers, Radio, Motion Pictures, Magazines, and Books*. Chicago: University of Chicago Press, p.1.

(29) Siebert, Fred S., Peterson, Theodore & Schramm, Wilbur (1956 = 1959) *Four Theories of the Press: The Authoritarian, Libertarian, Social Responsibility, and Soviet Communist Concepts of What the Press Should Be and Do*. Urbana: University of Illinois Press. p.74.（内村芳美訳『マス・コミの自由に関する四理論』東京創元社 133 頁）。

(30) Christians, Clifford. (2006) "The Case for Communitarian Ethics." In Land, Mitchell &

Hornaday, Bill W. (eds.) (2006) *Contemporary Media Ethics.* Spokane: Marquette Books. pp.61–62.

(31) Christians Clifford G. (2015) "The Communitarian Perspective." In Babcock. William A. & Freivogel, William H. (eds.) *The SAGE Guide to Key Issues in Mass Media Ethics and Law.* Los Angeles: Sage. pp.38–40.

初出論文一覧

　本書は、これまで筆者が発表してきた論文に加筆、修正したものが中心となっている。基礎とした初出論文は以下の通りである。

序　章：「終章　ジャーナリズム倫理を取り巻く日本の現状」（2010）『ジャーナリズム倫理学試論』南窓社。

第 I 部　理論
第 1 章：「専門職教育と社会的責任論——ジャーナリズムの規範理論研究の原点——」（2020）『日本法学』第 85 巻第 4 号　日本大学法学会。
第 2 章：「ジョン・C・メリルの実存主義ジャーナリズム」（2019）『政経研究』第 56 巻第 3 号　日本大学法学会。
第 3 章：「エドマンド・B・ランベスの『スティワードシップ（Stewardship・受託者の任務）』」（2019）『ジャーナリズム＆メディア』第 12 号　日本大学法学部新聞学研究所。
第 4 章：「クリフォード・G・クリスチャンズの『トランスフォーマティブ（Transformative 変容的）・ジャーナリズム』」（2019）『政経研究』第 56 巻第 2 号　日本大学法学会。

第 II 部　実践
第 5 章：「プライバシー侵害に関する倫理学的考察——『逆転』事件を手懸かりとして」（2011）『出版研究』第 42 号　日本出版学会。
第 6 章：「少年犯罪報道と専門職倫理——成長発達権を手がかりとして——」（2013）『応用倫理——理論と実践の架橋——』vol.7　北海道大学大学院文学研究科応用倫理研究教育センター。
第 7 章：「第 3 章　『極化』現象とジャーナリズムの倫理——ヘイト・スピーチを手がかりとして——」（2018）塚本晴二朗・上村崇編著『「極化」現象と報道の倫理学的研究』印刷学会出版部。
第 8 章：「紛争地取材とジャーナリストの専門職倫理——後藤健二の事例を中心として——」（2016）『政経研究』第 53 巻第 2 号　日本大学法学会。
第 9 章：「日本新聞協会『記者クラブに関する見解』小史——便宜供与を中心として——」（2021）『法学紀要』第 62 巻　日本大学法学部法学研究所。

終　章：「第 4 章　望ましい議論に向けて——ジャーナリストがすべきこと——」（2021）塚本晴二朗・上村崇編著『「ポスト・トゥルース」時代における「極化」の実態——倫理的議論と教育・ジャーナリズム——』印刷学会出版部。

塚本晴二朗（つかもと　せいじろう）

1961 年生まれ
学歴：日本大学大学院法学研究科博士後期課程満期退学、
　　　博士（コミュニケーション学）
現在：日本大学法学部教授
著書：『ジャーナリズム倫理学試論』（南窓社）
　　　『「ポスト・トゥルース」時代における「極化」の実態──倫理的議論と
　　　教育・ジャーナリズム──』（共編　印刷学会出版部）
　　　『「極化」現象と報道の倫理学的研究』（共編　印刷学会出版部）
　　　『出版メディア入門（第 2 版）』（分担執筆　日本評論社）
　　　『叢書現代のメディアとジャーナリズム 1　グローバル社会とメディア』
　　　（分担執筆　ミネルヴァ書房）

日本大学法学部叢書　第44巻

ジャーナリズムの規範理論

2021 年 4 月 10 日　第 1 版第 1 刷発行
2024 年 1 月 30 日　第 1 版第 2 刷発行

著者………塚本晴二朗
発行所……株式会社　日本評論社

　　　　　〒170-8474　東京都豊島区南大塚 3-12-4
　　　　　電話 03-3987-8621（販売）　振替 00100-3-16
　　　　　https://www.nippyo.co.jp/

印刷所……平文社
製本所……牧製本印刷
装幀………レフ・デザイン工房

© TSUKAMOTO, Seijiro　2021　　ISBN978-4-535-58758-8